李晓青 著

爱有多长,情有多久?

Ai You Duochang Qing You Duojiu

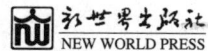

新世界出版社
NEW WORLD PRESS

图书在版编目（CIP）数据

爱有多长，情有多久？/ 李晓青著. -- 北京：新世界出版社，2016.9
ISBN 978-7-5104-5607-7
Ⅰ.①爱… Ⅱ.①李… Ⅲ.①爱情-通俗读物 ②婚姻-通俗读物
Ⅳ.①C913.1-49
中国版本图书馆 CIP 数据核字（2016）第 033207 号

爱有多长，情有多久？

作　　者：	李晓青
责任编辑：	曲静敏　董晶晶
责任印制：	李一鸣　黄厚清
出版发行：	新世界出版社
社　　址：	北京西城区百万庄大街 24 号（100037）
发 行 部：	（010）6899 5968　　（010）6899 8705（传真）
总 编 室：	（010）6899 5424　　（010）6832 6679（传真）

http://www.nwp.cn
http://www.nwp.com.cn

版 权 部：	+8610 6899 6306
版权部电子信箱：	nwpcd@sina.com
印　　刷：	北京中印联印务有限公司
经　　销：	新华书店
开　　本：	710mm×1000mm　1/16
字　　数：	217 千字　印张：14.75
版　　次：	2016 年 9 月第 1 版　2016 年 9 月第 1 次印刷
书　　号：	ISBN 978-7-5104-5607-7
定　　价：	32.80 元

版权所有，侵权必究
凡购本社图书，如有缺页、倒页、脱页等印装错误，可随时退换。
客服电话：（010）6899 8638

自 序

婚姻，是爱情的延续，是"家"的开始。一个只属于你的小家、你的爱人、你的孩子，完全由你说了算的地盘。有家就有爱，那是责任、信任、宽容等美德的摇篮。围城里的男女需要理智与坚强，婚姻似一枚鸡子儿，外表看着坚硬无比，其实从头到脚都不堪一击。所以，友情提示：成家有风险，下（喜）帖须谨慎。

给爱一个归宿，终其一生，一两个就足够啦。换老公老婆，又不是换灯炮，能亮就成，此等劳民伤财又破坏安定团结的行为，还是"无胜于聊"的好。不管什么样的女孩子，当新娘时都是最美的，似一朵花儿开到了鼎盛之季，婚礼也像一场非一般的成人礼，激动又难忘的时刻，请好好把握和珍惜，别辜负每一寸青春。

男同胞们，可爱的、帅气的、有型的、酷毙的你，要结婚了，赶快擦擦嘴，回家吧。自问没有"万花丛中过，片叶不沾身"的特异功能，便在"告别单身派对"那场彻底的狂欢之后，好好收敛一下，让曾经的Honey的她，都尘归尘，土归土去。别有事没事，大晚上再出来招蜂引蝶啦！

走进围城，就意味着已经将"家"的责任揽上身。像一只被赶出老窠的小鸟，单飞会面临什么，尚未可知。为人夫，为人妇，开心最好，心不甘情不愿

也罢,我们都要跟过去固执的自己和任性的单身生涯 Say Goodbye 了。

之前,习惯从自我角度想问题,在漂亮衣服面前,票子成为烫手山芋。喜欢大手大脚、名牌至上等,这些臭毛病都改一改吧,毕竟现在不同了。吃个早餐也要双人份,而不能仅以饼干面包代替,只用填饱自己肚子;你俩开始有共同财产,男人的钱包成为军功章,有你自己一半,也有他的一半。朋友,认清现实吧,你的生活彻底被另一个人分享了,无论点"赞"还是点"驳",你都要义不容辞地接受。

在家里,该付出的时候千万别吝啬,需要大气的地方,咱真来不得半点扭捏。现在很多时候,巾帼们早已不让须眉了,豪爽方可赢得更多尊重。婚姻和事业一样,你越是冷静从容,越不会因为乱了方寸,而败给平淡而蹉跎的岁月与后来者居上的小三和小四。

不知是哪个无事生非者发明的"三年悸动""七年之痒""十二年之痛""二十年之苦",这些热恋中看似极不顺眼的词儿,现在居然会向我们步步逼近!每一个坎儿,都让"婚"了的女性们觉着扎眼仁儿、胸闷、气短。怎么办呢?

忍!忍字头上一把刀,把心都硌得流血了。那又如何?忍无可忍,重新再忍呗。我们的家,压根儿就不是讲理的地方,这儿只讲爱,偶尔还需要些"只问耕耘,不问收获"的心态。唯独这般,才能坚持住,并等到硕果累累的一天。如若凡事太计较,总不肯让自己吃半点儿亏,那么将来的生活就会真的让幸福吃大亏。

努力爱,学会包容与宽恕,既能够无形中将吵架对彼此的伤害降到极低,又可以给迷茫中的伴侣点一盏心灯,让他们顺着那一点儿光,找到回家的路,何乐而不为呢?

有些人喜欢"作";有些人不懂惜福;有些人耍大牌;还有些人将自己看得太重,把别人踩在脚下;更有甚者,活得太委屈,一味紧张地工作,都忘记了要去爱自己,爱生活。然而,随着我们渐行渐老,却越来越固执,唠叨,不可爱。其实爱情从来没有变过,是焦躁的我们改变了,让本该平静祥和的家,时常一片鸡飞狗跳。

　　经营婚姻失败的结果，不只是几块钱换个本那么简单。叫惯的"爸妈"打回"叔叔阿姨"，拆开的户口本还要改成"离异"，原本有爹疼有娘爱的孩子，从此后被呼"单亲"。还有房子、车子、票子等要分割的东西太多，那些有形物品的分割只是减半，然而爱的分割往往会成为负增长，直接影响前妻（前夫）和孩子的未来，以及心智。

　　当然，离异后选择空间会变大，前提是，在你有条件、有资本选的时候。就算再来一回，也远不及最初的兴奋与期许。曾经沧海难为水呀！

　　婚姻并非游戏，玩不起的，别轻易触碰。有意或无意染指了婚姻的人们，就把胸怀无限扩大吧。围城不是一座城，你我枉自当了守门人，却不知，它是守不住的，也无须守。只要继续你有规律的生活，保持一颗善良且是非分明的心，爱你该爱的人，做好自己的本分。其他事，学会淡然处之就好。也不要把婚姻看得太重，折磨到自己爱得痛了，累了，都不知如何去爱时，才大呼放手。轻松的生活，和谐的婚姻，是高质量人生的保证。

　　爱有多长，情有多久？谁又能说得清！幸福如沙，抓得越紧，流失越快。许多东西你过分在意，未必最后还能成为你的；相反，看淡了，可能会有意外惊喜。伸出双手，放开怀抱，认清恋人，看"轻"婚姻，爱在当下，莫问前程，不留遗憾！

目 录

1. 不"作"婚就不会死
既然婚了,就让爱情跑赢柴米油盐 …… 003
婚姻是单选题,先慎重再坚守 …… 005
金龟易得,后悔药难求萌萌哒 …… 007
Wolf(狼)与 Wife(妻)的区别 …… 009
背起行囊,一路有你不相忘 …… 012
吝啬似蟑螂,追讨抠门老公 …… 017
换个姿态看世界,婚姻方能保鲜 …… 020

2. 扯证后且行且珍惜
蝴蝶飞得过沧海,却会溺死于小溪 …… 027
跑赢时间和距离的,未必是爱 …… 030
两耳不闻琐事,一心为家付出 …… 034
爱要说出来,闷声不响给谁猜 …… 038
多少温柔乡,终究成了英雄冢 …… 044
分手之后,少跟我提做朋友 …… 047
认真爱自己,别白活一回 …… 049

3. 你的未来我全承包了
笨熊翻跃围墙,不离不弃不易 …… 055
爱你用尽全力,我却并非唯一 …… 058
围城多寂寞,有谁来安慰我 …… 061

被离婚，半老徐娘成为亲人 ……………………………………… 063
痛失我爱，竟也没啥了不起 ……………………………………… 068
大气地对"承包商"说"滚" ……………………………………… 072
腌泡菜般腌制男人的诺言 ………………………………………… 075

4. 朋友是水，爱人是"鱼"

婚姻缺氧，朋友药不能停 ………………………………………… 081
夫妻吵架，父母损友有责 ………………………………………… 085
活好自己，枉妒别人幸福 ………………………………………… 089
关怀需要分寸，窝边草实难咽 …………………………………… 093
适当避开隐私，朋友能做一辈子 ………………………………… 096
试离婚，真爱游戏丢了现世安稳 ………………………………… 099
佛说"舍得"，有舍才会有得 …………………………………… 104

5. 名草有主，我来松土

小三儿后浪赶前浪，全拍死在沙滩上 …………………………… 109
绝地反击，第三者也有联盟啦 …………………………………… 112
"鲶鱼效应"同样适用于婚姻 …………………………………… 115
原谅出轨也需要速度和智慧 ……………………………………… 121
老婆只有一个，要省着点儿用 …………………………………… 123
人生短暂，油门一踩一辈子就过了 ……………………………… 129
好女人有让自己幸福的能力 ……………………………………… 133

6. 爱情久旱，需浇浇水

忆往昔，有多少爱可以重来 …………………………………… 141

最不能透支的，是家与亲情 …………………………………… 145

剪掉婚姻枯枝，给个中场休息 ………………………………… 150

谁知道明天与意外哪个起得早 ………………………………… 153

去看看世界，趁青春还未走太远 ……………………………… 158

别动孩子，那是围城"多米诺" ………………………………… 161

家是一份责任，爱情是家的氧气 ……………………………… 164

7. 中毒太深，婚姻也要止损

爱有多疯狂，败就有多苍凉 …………………………………… 171

婚姻非稻草，死握住也救不了命 ……………………………… 175

之所以拖泥带水，说明还有余情 ……………………………… 180

为失婚心寒，为儿女"被坚强" ………………………………… 183

果断放手，止损少赚些却亏不惨 ……………………………… 187

我要好好的，从你人生中潇洒退场 …………………………… 189

别把"表情暴力"带回家 ……………………………………… 193

8. 魅力女性，不老不死不灭

我美丽，我张狂，故我在 ……………………………………… 201

把自己修成个有内涵的妖精 …………………………………… 205

女人必备：火眼金睛悟空情怀 ………………………………… 208

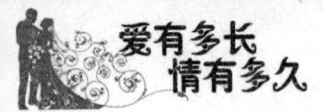

你行你上，拼命事业的男人放心 …… 211
把独立强悍化成女性天空一小角儿 …… 214
爱在当下，莫问前程，幸福不留遗憾 …… 218
一边共舞，一边独舞，脚步跟上斯密达 …… 221

1

不"作"婚就不会死

不愿孤独的人，最终都还单着；认真面对感情的，有七成被情感辜负了。两个人寂寞，胜过一个人孤单。所以，面对四方压力，适龄青年都想"婚"了。婚就婚吧，但是千万别"作"，No zuo no die。

既然婚了,就让爱情跑赢柴米油盐

古今有许多为爱奋不顾身的女子,甚至抛开家人、友情、性命,全心全意只对那个自己爱的男人一味付出。可结果呢,往往难以白头到老。为什么?

一个女人,如此深爱着一个男人,竟然不管父母的反对,不计较艰难困苦,甚至不在意有没有未来,咬着牙,铁着心,跺着脚,爱了,嫁了,拼了。到最后,却偏偏未得到预期的幸福,又怎能心甘!

是男人不懂珍惜吗?不全是。

我的一位表兄去年离婚了,百万家产与房子都给了前妻,他净身出户。离婚的原因很特别,没有小三,没有出轨,更没有谁对不起谁,只因表兄不想再背感情的债。

多年前,表兄结婚的时候,表嫂娘家极力反对,嫌表兄穷,没出息。双方闹得很僵,表嫂宁可断了与娘家的往来,也非嫁表兄不可,让婆家人非常感动。夫妻俩挨了七八年苦日子,表兄才终于成立公司,渐渐富裕起来。商场上应酬多,可表兄从不贪杯,也不进声色犬马之地。有客户矫情得厉害,他便有感而发:"我妻子是个好女人,她为嫁我,连娘家都没了,还一路陪我创业,我但凡有半点儿对不住人家,都算不上个爷们儿……"

这话从表兄口中说出,是爱,是感激,客户也都为之动容。而几年后,表嫂俨然一副颐指气使的阔太太模样,生活好了,人漂亮了,牢骚却多了。

周末两天,表嫂的牌桌日夜不休息。她长城垒得山响,表兄边洗衣做饭,

边伺候表嫂和牌友们茶水点心，稍有怠慢，表嫂就把当年如何为他受苦，不离不弃的事情唠叨一遍，骂表兄没良心，现在发点小财，对她不如以前好。

表嫂先斩后奏为弟弟掏了五十万买套复式做婚房，事后还要求表兄按时缴月供，美其名曰：欠了她娘家十几年的情，该还了。

表兄无奈叹息："如此下去，那我这辈子是不是都还不完了呢？"

抱着居高临下的心态，在家庭里施恩望报，这样的不平等状态迟早成为双方感情的一大障碍。男人都爱面子，他们最不想亏欠谁，尤其是自己的女人，那种亏欠心理迟早会让他们彻底抬不起头。身为一个妻子或恋人，聪明的方法是教会他放下。

感情不能上秤称，更谈不得你亏我欠。从投入之初就要清楚，这是自己心甘情愿的选择，不是为他（她），是为爱情付出。只可惜，太多人不懂得。相反，他们很自然觉得，我把一切都给了你，你必不能负我。这样不平衡的夫妻状态，又怎么能走得长久？

他念着你的好，是因为爱你；而你念念不忘对他的好，就已经不再是爱，而是债。用他的爱，去还你满心的债，得到的只有苍凉罢了！

滴水之恩涌泉相报的，可以是亲人、朋友、陌生人，但一定不是爱人。爱是无怨无悔地付出，情是不求回报的给予，彼此相爱的两个人，心安理得地施与受。如果要说"谢谢"或"对不起"，那便是生疏的开始。

如发哥与玉莲，玉莲曾不惜淡出影视界，以保护事业蒸蒸日上的发哥。周妈妈不喜欢她做儿媳，两人吵架，赌气说分手，发哥喝下清洁剂入院，玉莲衣不解带地服侍，直至他痊愈，然后彻底走出他的生活。没有哭闹，没有纠缠，只留一抹微笑，把五年情愫抛给岁月去品评。

因为懂得，所以慈悲。爱情不需要施舍，却应该在放手时留一份尊重，半点悲悯。既然爱过，更应该珍惜，爱不在，情份不能丢，那关乎尊严与人格。从爱人做回亲人，没有血缘的亲情得讲修为。

我的爱情，我来守护，理所当然。至于结婚之后，那是伴侣间感情的新起点，必须互敬互爱互信，才能跑得赢柴米油盐与粗茶淡饭。

婚姻是单选题,先慎重再坚守

人世间最痛苦的不是他结婚了,新娘不是我,而是明知道他还没结婚,却已经没能力或机会,把新娘换成自己。

婚后三年,晨曦遇到了辉,那个大学时代挥斥方遒的恋人。毕业时,辉坚持去深圳淘金,而单亲家庭长大的晨曦,渴望稳定的家。因志向不同,他们一个留在北京,一个远赴深圳,凄然分手。

听说深圳的天很蓝,那里聚集了全国各地的美女,不知为什么,事业有成的辉依然单着。"离开你,我再也找不到怦然心动的另一半。"辉放下咖啡杯,目光定定地望向晨曦,仿佛要寻求一个类似的答案。他们分开五年多,北京的楼市价格几乎翻了一倍,他怎么可能完全没变!

晨曦很努力地用小勺搅动咖啡上面一层奶油做的笑脸,想让它们彻底溶在一起。她只是淡淡回了句:"再见亦是朋友。"

这次拒绝,并没有让辉死心。除了送花,他还经常出现在晨曦上下班路上,充当护花使者,开着宝马硬要送她一程。几次被晨曦同事遇到,跟她开玩笑,说徐娘不老,魅力赛得过小姑娘。也有人劝她,能碰上这么好的男人,是几辈子修来的福气,不如就从了吧。

晨曦莞尔摇摇头。"他的奢华与我无关,我还是比较喜欢坐在电动自行车后面。"晨曦的老公谈不上有本事,普通小白领一枚,赚钱不多,脾气谦和,但对自己真的很好。

终于,在一个黄昏,还是那家初恋时代的咖啡馆,辉按捺不住,向晨曦摊牌。"你老公配不上你,而我一直在等你……"

"你知道我也在等你吗?"晨曦的话着实吓了辉一跳,不知道是惊喜,还是汗毛竖起。他突然意识到,经历时间洗礼,曾经简单纯真的小女孩早已远去,自己可能正在掉进一场阴谋,晨曦为他布了局……

"呵呵,等你回到朋友的位置。"晨曦继续说,"爱情与婚姻的区别,似花式咖啡和奶咖,前者看上去图案很精美,吸引眼球,却未必能完全溶解,易黏嘴,还有人喝不惯;后者不同,根据个人喜好加入牛奶,口感丝滑,相濡以沫,你中有我,我中有你,分不开的。"

男士们习惯性认为,没有得到或不易得到的东西充满诱惑,当真正得到了,他的任务也告完成,会渐渐失去新鲜感。成功男人更不允许自己生命中有缺憾,如果追你已经用尽了全力,那之后的日子,他还能用什么爱你?这个缺憾弥补上,他会不会去寻找新的缺憾?

拼尽全部力气,甚至以生命捍卫的爱情,最后只能像花儿一样,怒放完仍要接受凋零的命运。过去就似一段梦,回忆起来很美好,已经足够。何必要想不通,过分执着呢!

事隔两年,晨曦与辉再见面,他过得很好,有妻有子万事足的模样。偶尔,两家人也会约出来一起聚聚,但从不去咖啡厅。辉说,有些平淡的回忆更珍贵,不想被现在的快乐抹去。

金龟易得，后悔药难求萌萌哒

　　你选择真爱还是钻石，就决定了你的男人在意你的青春美貌亦或内涵，当然，有爱也有钻最 perfect（完美）。

　　不过太多时候，清粥小菜的后山，与千万资产的繁华闹市，是永远无法重合的两条平行线，如果你中意后者，那做菜与家务的事儿，保姆可以代劳。因此，也就不奇怪你老公为什么会出轨了，同样把购物与打扮当成职业的女子，年轻的自然比年长的水灵。连你自己都找不到生活目标，爱都早已无处寄存，他凭什么守护？

　　24岁的徐珊是一家民营企业的会计师，男朋友是私企业务员，尽管工作很努力，每月收入也非常有限。

　　年轻女孩子都喜欢漂亮衣服，对首饰更是钟情。两人交往一年多，男朋友辛勇送给徐珊最贵的东西，是一条18K金项链，四五百块的样子。他们约会时，出去吃饭专找小餐馆，只为便宜。虽然徐珊明知道辛勇省钱是为了将来结婚用，还跟她提过要买套房子，现在正努力储存子弹，可她心里就是不平衡。同样都是谈恋爱，别的姑娘就被捧在手心，像公主一样，要什么，男朋友第一时间奉上，自己怎么就这么委屈呢？

　　"昨天，莉莉的男友给她买了一条好漂亮的钻石项链。八千多块呢！"说完，用很羡慕的眼神看着辛勇。他眼皮都没抬，也不讲话，继续激战手机游戏。徐珊本想撒撒娇，他心一软，说不定就当场表态，立刻去买了。结果她只

等来失望。辛勇整顿饭都全神贯注于游戏中,让徐珊的心和爱情同时出现一条细小的裂痕。

在这之前,徐珊所在公司老板的儿子就对她有意思。那几天,看徐珊总是闷闷不乐,就想方设法地讨好她,吃西餐,送礼物,徐珊正生辛勇的气,对富二代来者不拒。

三个月后,徐珊居然要跟富二代奉子成婚。婚礼办得挺隆重,新郎官却是一副心不在焉的模样。徐珊的前男友辛勇也去了,含泪送她一块名贵的手表,说是对她一直迁就自己、委屈爱情的弥补。

徐珊哭了,如果这表能早点送,说不定他们的爱情依然完好。包装盒里有张卡片,正面写着新婚祝福的话,反面写的是生日祝福。徐珊这才想起,她的生日就快到了。

席间,一位老友告诉徐珊,辛勇为了给她买那块名表,没日没夜地给人家做了三个多月手机软件测试……

新婚度蜜月只是去香港和澳门玩了一周,回来时徐珊有点感冒,因为怀着宝宝,医生建议食疗,多卧床休息。徐珊迷迷糊糊睡了两天,每次醒来都不见老公的影子,问保姆才知道,新郎这几天压根儿就没来新房睡。

老婆病着,且有孕在身,他居然有心情出去玩,还彻夜不归。徐珊越想越气,强撑着换好衣服,想出去找老公。刚拿起手机,就看到前男朋友发来的短信。"生日快乐,祝你幸福。"

徐珊坐在露台上,望着繁星的夜空,双手握住手机,嚎啕痛哭起来。直到哭得昏倒,被保姆送进医院,富二代才出现。他以极其厌恶的口吻指责徐珊:"我们家缺你吃了、短你穿了?当着少奶奶还不自重,为个野男人伤情,害得我儿子都没了,看你怎么跟我父母交代。"

流产之后,徐珊迟迟没能再怀上,富二代老公与其父母对她的态度越来越让人难以接受。结婚才一年多,徐珊便从围城里灰头土脸退了出来。

此时,辛勇已经有了新的女友,虽两人感情尚浅,与徐珊也还有余情,可辛家人对徐珊的嫌贫爱富深恶痛绝。无论如何,他们已经回不到从前了。

Wolf（狼）与 Wife（妻）的区别

  Wolf 的意思是狼，不知道是巧合，还是英国造字的那位先贤受过刺激，把 Wife 命名为妻子、夫人、太太。"狼"与"妻子"的区别，虽然只有一个音之差，却能衍生出许多联想。

  古时候，中国人把妻子叫娘子，有娘的慈爱与宽厚在里面。现在的妻子呢？有多少温柔贤淑到如"娘"一般疼爱老公的？恐怕屈指可数。当娘子变了样，女性的温婉中带凶狠，那"娘"也就成了"狼"。这一点上，老外跟我们的看法仿佛也是一致的。

  女人是门大学问，具备美丽善良等优秀品质的同时，也拥有复杂而善变的内心世界。不按常理出牌是女人的魅力，更成为许多男人的性格天敌，也许在提心吊胆中才能感受到刺激吧。但婚姻终将要归于平淡，寻常日子，只需要小小浪花，提醒彼此婚姻里也有情趣。而大风大浪就免了，我们都害怕翻船。

  有男士感叹，如果给女人的心情做个风向标该多好。别着急，真有，那就是"细心"。尽管女人的情绪比春天的脸转换得还快，细心的老公，总能猜到老婆的心事，将夫妻矛盾扼杀在萌芽状态。曾经一位教授开玩笑说，能化解十位女性心事的是居委会大妈，若能了解百位女性的心思，那你就是伟大的心理学家。

  马总是台湾人，在那边有妻子女儿。前些年，大陆市场很好赚，就穿越海峡来做生意。他的房地产公司刚成立时，马太太也时常在大陆住段时间，帮忙

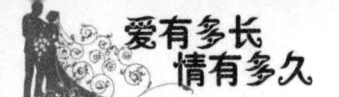

照顾先生，顺便打理一些力所能及的事情。

后来，公司走上轨道，生意越做越大。马太太怀孕，并生下二女儿，加之双方父母也上了年纪，马太太便再没来过大陆，只是马总过年过节时，会飞来飞去。

这三年，除了春节，马总基本上已经不回台湾。因为，他在大陆也有了"太太"，而且是名正言顺发帖摆过喜酒的，儿子都两岁半，要上幼儿园啦。公司上下都称这个女人为"马太太"，不知是记性不好，还是老员工全走光了的缘故，大家竟忘记还有个正牌的马太太。

小马太太脸蛋长得漂亮，为人却挺跋扈，大家并不喜欢她，只是敢怒不敢言。仗着生了儿子，马总给她买了别墅洋房和跑车，她仍不满足，时不时闹着要去领结婚证。言下之意就是，要马总休了大太太，把自己扶正。

马总非常纠结，那毕竟是原配夫人，贤良淑德不说，帮他生了两个女儿，全心全意照顾公婆，以及太婆婆。总之，全家人没有一个不夸她的。这样的好老婆，不是说休就能忍下心休掉的。

再一次被小马太太吵烦后，马总去了酒吧，认识了另一个女孩子。从此，小马太太也遭受到冷遇，每周末马总才来两天，陪陪儿子。她不服气，常常以儿子的名义把"老公"从小三身边拉回来，可时间长了，这招也慢慢失灵。不久，小三竟然也怀孕，马总还威胁小马太太，如果再不安份，就收回房子和车，并将儿子抱走，让台湾的父母养着，叫他们母子再难见面。

这回小马太太真的吓着了，她才意识到，一个男人若狠下心来，什么事都做得出。索性自己先下手为强，联合公司里的两个亲信，捞些油水再说。不然，等小三生出儿子来，自己更没地位了。

周日傍晚，她提前请来软件工程师，趁马总回家吃饭的时候，偷偷将其笔记本电脑中一个二十多亿的大型地产项目的竞标书拷贝走，转手就卖给了马总的竞争对手。

周一上午竞标时，马总怎么也想不到，自己提前砸那么多钱铺顺的路，居然会输在一百万之差的标书上。这次失败，他的公司不仅少赚几个亿，提前铺路的一大笔钱打了水漂，公司股票还突然暴跌，损失惨重。而在这场浩劫中，小马太太出卖老公，得到的报酬只有五百万。如果没有这次背叛，马总的公司很可能有更广阔的发展空间，将来留给他们唯一的儿子的遗产，恐怕比五百万要多好几个零。

小三悄悄把四个月大的女儿做了引产，带着马总给的珠宝首饰和几十万现金跟别的男人跑了。小马太太发现自己酿成大错后，担心被马总报复，带着儿子躲藏起来。马总结束掉在大陆的生意，回了台湾，他决定痛改前非，当个称职的爸爸和好老公。

不要总羡慕别人的生活，其实他们的日子不一定比你好过，你只看到人家开名车，住豪宅，有几套房子，那不见得就真幸福，他们的难处何人知？越是有面子，爱面子的人，越不懂宣泄苦闷与忧伤。也因此没什么真正的朋友。那些被银行追债和跑路的富人同样如此，说句颇难听的话，你只见人家吃肉了，没见着他挨打吧。

当大老板的烦恼不是小富即安的人所能体会的，表面看似一团和顺，那是因为，他们将不顺都摆平了。你看见不顺时，这个企业可能已近崩溃边缘。老板回天无力，所谓偌大的家业很快就 game over 了。而他自己，面临破产，甚至锒铛入狱。身为小职员的你呢？换份工作，照样过日子，影响不了多少！所以，心态呀，还是要放正的好。没钱的爱情可能走不长久，但只靠金钱维系的夫妻关系也必会两败俱伤地分手。

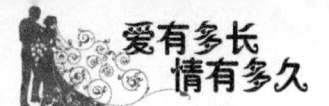

背起行囊,一路有你不相忘

　　林小麦出生在沈阳,高中毕业时,林小麦就有了骑着单车远行的打算,因为学习不努力,只考上一所二流大学。林小麦对爸爸说:"不要供我读书了,那学费赞助我骑自行车去旅行得了。"妈妈狠狠地瞪着林小麦,一顿臭骂,说她不学好,放着书不念,整天到处疯,没有一点儿女孩子的样儿。

　　没办法,此路不通,林小麦只得另寻他法。那会儿人小,胆子也小,更没有什么经济来源呀,过惯了饭来张口衣来伸手的日子,可不敢说走就走。起初,林小麦只是在双休日的时候,骑车到沈阳郊区去转转,后来,放寒暑假林小麦打工挣了点钱,就去了趟吉林。

　　那感觉,真爽呀。一个人揣上地图册,脚下不停地踩,眼睛忽左忽右,一幅景色尽收眼底还唯恐看不过来的贪婪相。那毕竟是第一次独自出远门,自行车后面带足了水、方便面和备用衣服,连电话卡、雨伞都想到了,就是忘记买帐篷。

　　出行第三天就遇到了问题,因为是夏季,林小麦出行的地方距离山丘很近,那满山遍野的花实在是太美了,让林小麦无论如何移不开脚步。索性林小麦放下自行车,爬上山去,在那姹紫嫣红之中玩了个痛快。正高兴着,天空却下起雨来,山路很滑,林小麦刚走几步,差点儿掉下去。幸亏陈尘及时在后面抓住她。林小麦险些哭出来,为了安全起见,不敢攀爬了,与陈尘一起被困在山上。之后,他们结伴同行。

直到天快黑时，两人才战战兢兢地回到山脚。好不容易寻到林小麦的"宝驴"时，周围已经漆黑一片，完全辨不出方向了，他们准备就地休息。

在一片开阔地，陈尘并排搭起两个帐篷。林小麦吃过面包，刚刚躺下，就听到远处有异样的叫声，吓得一骨碌爬起来，坐到自行车的后座上。尽管陈尘自告奋勇说会守夜，林小麦还是强睁着眼，后半夜可能因为太累也太困了，居然睡到大天亮。

自此，他们相识相恋，毕业后就结了婚。本想两人先打工一段时间，然后一起去旅行。但事事不尽如人意，不到半年，林小麦竟然怀孕了，陈尘坚持留下孩子。林小麦彻底失去自由。

27岁时，儿子三岁半上了全托幼儿园，林小麦才开始了真正的"驴行侠"生活。而林小麦的第一站就是北京，从沈阳到北京七百多公里的路程，坐火车十几个小时就到了，林小麦一路上走走停停，目的不是赶路，却是看风景。在城市或者镇上就住店，到了村子里就借住老乡家，实在找不到人家了，就地搭起帐篷，虽然有一点儿辛苦，但那其中的快乐只有自己清楚。足足走了十天，还拍摄到一些够惊险、够刺激的照片，真的是不虚此行了。不过，盘缠也基本用尽，林小麦只好临时在北京打工，以求取下次旅行的路费。

北京真是个好地方，风水好，人更好。大多数年轻人都崇尚自由，都渴望按照自己的生活方式去生存。不过，北京又很现实，人分三六九等，车分N个档次。虽然，林小麦作为异乡打工者，有被排斥的时候，但是作为骑单车走天下的新生事物，却很受当地青年的欢迎。

林小麦新交的驴友张鹏，在博客里这样描述她：初识林小麦是在京城最繁华的大街，她踩着一辆比较破旧的单车，后架上绑着两大包行李，被我从后面超过，不足两分钟时间，她一路追来，又跑到了我的前面，还回过头冲我笑，露出一张沧桑而稚嫩的脸。我这辆是纯正的名牌赛车，再者说，一大小伙子能叫个丫头片子比下去吗？我卯足了劲儿，玩儿命猛蹬，指望把她超过去。不料想，人家打得居然是持久战。最终，骑到三环外我就败下阵来……

这几年，只有林小麦不想辜负青春，陈尘早已经定下心来，打算努力攒

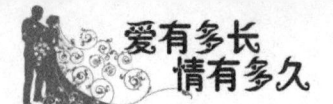

钱，买房子养家。虽然对老婆的疯狂表示过不认同，但这毕竟曾经是他们共同的梦想。何况，两人立了君子协定，单车出游的所有费用，由林小麦一人承担，不能从家庭开支里面出。

在上海打工的时候，林小麦真的有些不想走了。上海的美，是无法用语言来形容的，它的建筑是那么独特，文化是那么有韵味儿，时装引领着全国的潮流，女人更是各个精致而又精明。

林小麦在这里找到了一份很不错的工作，感觉自己似乎是爱上这个城市了。在公司，林小麦的上司因为听说过有关她做"驴行侠"的故事，很放心地给了她许多外派的任务，从此林小麦要经常住店。渐渐地，她也喜欢上出差，只要是出门，无论多远，就算当天可以返回来，也一概要住上一晚的酒店，久而久之，爱上了住店的感觉。那可是林小麦曾经露宿的时候，最最梦寐以求的时刻。

酒店的环境很好，无论什么事都不用自己操心，这里能全方位地满足你对豪华、优雅、舒适、唯美等的所有需求。找个宽敞、养眼的房间，痛痛快快地住上几晚，不必发愁装修，不用交水电费，也无须担心物业或者环保会找上门收费，更不怕夜里下雨，只管放心地住。然后，办完公事抬腿就走人，管它有没有谁去收拾。

也是在上海，林小麦与老板大齐擦出火花。同样寂寞的两个人，一个乐不思蜀，不想回家。另一个，老婆在国外，一时半会儿回不来，便用身体的盛宴填补了心灵的空白。

两年来，林小麦感觉自己正在慢慢地被这座城市同化，她害怕了，想到自己的老公和儿子。去年春节回家时，儿子对她的态度很陌生，仿佛妈妈是个遥远的名词。而且，他们家打扫得太干净，干净得有些吓人，像是在刻意抹去什么痕迹似的。

尽管如此，林小麦还是在枕头反面的拉链里发现一根棕色长发，那不属于她。她从不染发，儿子出生后，也一直留的是利落短发。陈尘也出轨了，早知纬度会成为婚姻的距离，就不该丢下他，独自远去。

林小麦是含泪离开家的,她留下一张签好字的离婚协议书,还有一封信。也许两个人都耐不住寂寞,但面对背叛仍然会很痛,她决定率先放手。

南京就像一个爱哭的女子,来这里的每一天林小麦不仅眼角,连裤角都是湿湿的。刚才还是烈日当头,不一会儿就下起雨来,淅淅沥沥的,林小麦的身上、行李上全部有种发霉的味道。南京的景色虽美,可林小麦不敢多待,否则可能会生病的。

可真是怕什么来什么。准备离开南京的头一天晚上,林小麦发起了高烧,拿出随身携带的药品迷迷糊糊吃下几颗便不省人事。还好当时林小麦在住店,是店老板派人把林小麦送去了医院,不然恐怕小命就交待了。医生说:"很敬佩你的毅力,你们这些长期运动的人身体就是好,如果换成平常人,持续两天两夜高烧近40度肯定会有并发症。"林小麦只是笑,对这个温柔和善的医生,除了微笑,她无以为报。

那次死里逃生之后,林小麦深深地记下了医生的话。生命可是一切活动的本钱,凡事不能太过激,见好就收,体力可以达到九成,林小麦只用七成,如果健康都没有了,还拿什么去实现梦想,去守护儿子。

想到儿子,她又哭了。离家的时候,因为心情不好,竟忘了拿手机。身上的钱本就不多,索性让自己清静一下,没跟陈尘联系,自然也断了儿子的消息。林小麦不能离开儿子,即使离婚,孩子的抚养权也必须要争取,她可以失去自由,从此不再旅行,而儿子是她的唯一。

从桂林山水一路走来,满眼的清澈见底,林小麦风尘仆仆地赶往前赶,也是骑行的最后一站——云南。那里是少数民族的聚集地,林小麦打算和傣族人一起过泼水节,并过一个盛大的少数民族的生日。

奔着这个想法,林小麦跋山涉水而来,破旧的自行车在尽是山路的地方根本没法走,以前总是林小麦骑它,现在风水终于轮流转了,改成了它骑林小麦。当林小麦扛着自行车出现在一位白族小姑娘面前时,小姑娘的眼光里全是惊奇。显然,她在山里从没有见过这种东西,林小麦找了一处比较平坦的地方,连说带比画地告诉她,这辆自行车的用处,并当场做示范,表示愿意用自

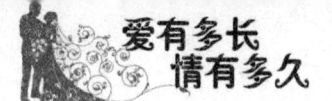

行车和她换些吃的,因为当时林小麦迷了路,已经一天半没有东西吃了。

离开了白族人的住所,林小麦去寻找其他的民族。不料,这村落密布的地方,居然会出现食人的野猪,林小麦背着重重的行李一路跑到悬崖边上,千钧一发之际,野猪的身上出现两支箭,它尖叫着倒下了。林小麦也由于过度紧张,一失足,行李从肩头脱出,幸而有一名青年将林小麦拉住,不然,林小麦将会和行李一起坠入深不见底的山谷。

就这瞬间的一臂之力,让她想到老公陈尘,忆起那些为爱奔走的幸福日子。他们曾经有着共同的梦想,却也都不小心辜负了婚姻,她后悔了,不知道陈尘怎么想的。

夜里,林小麦打电话回家,是儿子接的。他哭着说:"妈妈,你回来吧,我和爸爸都想你。"泪水顺着林小麦的脸颊流下来,她哭得说不出话。陈尘哽咽着说了句:"老婆,我们重新开始吧。你在哪儿?我和儿子明天就去接你……"

这次云南之行太值了,一路上,林小麦帮助过别人,也总能遇到好心人给予自己的帮助,或许这就是所谓的"人心换人心"吧。就这样走过每个村寨,一路用劳动和知识换取生活必需品,吃尽百家饭,心胸变得宽广,终于找到了回家的路。

吝啬似蟑螂，追讨抠门老公

结婚两年多，没发现老公什么不良习惯，最大的缺点就是小气。在谈恋爱的时候，我居然没看出来，事到如今，悔之晚矣。婚后不久，反映他小气的事件，便如雨后春笋一般层出不穷，随着时间的推移，居然有跃跃欲试的疯长苗头，真是让人扼腕不止。

大到万儿八千的家用电器，小到一块几毛的瓜果蔬菜，老公全部要在价钱上斤斤计较。和他一起逛商场，他总是把你往打折区里带。还美其名曰：在不买的东西前转来转去，浪费导购的口舌不说，还浪费彼此的时间，不参观是尊重双方的绝好选择。

我被气得翻白眼，他的吝啬对"月光族"的老婆来说，简直是人生禁锢。可我也只有翻白眼的份儿，两人的日常收入全部被老公存了定期，还美其名曰：教育基金、供房基金、生活基金。只有小小的一部分供我们两个花销，有时，我实在不够用，就抢他的钱包，结果发现，他最穷的时候一个月200块钱都花不完。大冬天，喝着西北风，还美美地把骑自行车上班当作一种运动。渐渐地，我有些不好意思起来，默许了他三百、我六百的月消费模式。

然而，我还常常被人叮嘱："××菜市场的菜比较便宜，下班带些回来。……××超市这几天搞特价，要不要去买点东西……"心里总是有些不爽，仿佛结了婚的女人跟廉价商品很搭似的。可同事们却都特羡慕我，遇到一个很会持家的丈夫，说一个大男人，进了围城几年，还能够在工作和疲惫

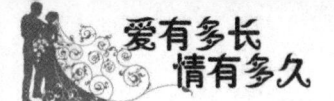

之余，抽出时间陪着老婆闲逛，已经颇为难能可贵了，你怎么可以太过造次呀！渐渐地，这种话听多了，却像眼里进了沙子一样难受。

我很不客气地给老公取了个绰号叫"抠门精"，人无外号不富嘛，本着这一思想，在只有我俩的时候，老公就被我尊称为"抠门精"。

不过，我还是做梦都希望老公有一天会大方起来的。浪漫地请我喝杯咖啡；豪爽地为我买几套高档服装；甚至，把那个我两个月前就看中的，并且参观了三次之多的大钻戒送给我。哎！可能这样的情景也只能在梦里出现了。

越想越不明白，老公的父母家里条件也算不错，应该没有吃过多少苦，我俩的工资加起来也有五六千，在小城市生活足够。他何必非要带着我过难民的生活呢？这辈子嫁个这样的男人真的是亏大了。

心情不好的女人，外在表现就是看谁都不顺眼。我由于工作忙，再加上夜晚总是坐在电脑前埋头赶稿，常常出现腰颈酸痛的症状，老公担心我的身体，坚决不让写了。我才不理他呢，稿费可是我唯一可以自由支配的私房钱，于是，我和老公大吵一架。然后，又回到书桌前，一边吃药一边打字。

第二天晚上，让我意想不到的事情发生了。找遍每一间屋都未发现老公，却在卧室看到一台崭新的笔记本电脑，不会是老公向公司征用的吧？看看床边的包装箱，内有发票和保修卡，上面竟然填了我的名字。6900元！老公居然肯为我这个业余写手买一部手提，比我看中的钻戒还要贵近两千块，老公脑子没进水吧。

正当我发呆的时候，门被打开了。他笑着说，"傻丫头，别看了，先吃饭吧。是你的跑不了。"他脸上竟然没有一点想要邀功的意思，好像添置这么一个大件只是小 case 而已，仅仅是为了让我躲在被窝里也可以写作。我激动地跑上去抱住他，一副千恩万谢的表情。

打开老公拎回来的外卖，两盒蛋炒饭，一盒鱼香肉丝和一盒龙虾，我张大嘴巴作吃惊状。"今天选电脑时间太长，回来晚了，来不及做饭，怕你饿坏，就顺便买了点，真是又贵又不实惠。明天我一定亲自下厨，做点好吃的给你补一补。"那表情，那笑容，依然满脸抠门样儿，怎么看都像是暴富起来的穷人。

国庆节前夕，老公突然神秘兮兮地告诉我，"丫头，房贷终于还完了，我们要个孩子吧。"怎么可能？十二万的贷款，规定十年还清，现在才三年。原来，老公每月还三千，提前还完，居然少付不少利息钱呢。这就是算盘打得精的好处。更没想到的是，老公还提早存下一笔养儿基金，想让我们的孩子一出生就无后顾之忧。

可没多久，爸爸急性腹痛发作，住院了。他本身胃就不好，还有高血脂，却爱喝酒，妈妈因为这跟他生过多次气了。这不，一入院就检查出血压高到170/140。医生说，就满腹疼痛来看，很可能是胃穿孔，让先准备五千块住院压金。同时，要去做个胃镜确定一下，还要化验血脂、血糖等。天啊！难到真的会有合并症？听说胃穿孔是非常危险的病，很容易感染和产生并发症。

老公将爸爸背到化验室门外排队，并嘱咐我们等他回来，便消失在走廊的尽头。刚刚做完检查，老公也汗流浃背地赶到我面前。我没好气地问了句："去哪儿了，这么久？"

妈妈赶忙解围，"这孩子怎么说话呢，肯定是给你大哥打电话去了吧。得叫他给你爸交住院费呀。"

老公憨憨地一笑，"妈，我早通知大哥了，他应该很快就到。但我没说钱的事儿，他才买的楼，您二老的积蓄差不多都给了他，还有贷款……"

"那爸住院怎么办呀？"我有点着急了。"养儿防老"是我家乡人遵循的亘古真理，哥毕竟是爸妈唯一的儿子。况且，我老公又那么小气，谁敢指望他！

"我取了一万块，费用都交齐了，不够咱们再把准备养孩子那笔钱也取出来，毕竟没有老人就没有孩子嘛。"一边说着，一边轻轻地弯下腰，背上爸爸朝住院处走去。我呆呆地望着老公让汗水浸透的后背，眼睛里湿漉漉的。

这一次的事情，让我对抠门老公的看法有了彻底的改变。钱真的不能乱花，好钢应该用在刀刃儿上。好男人，无论在任何时候，都可以撑起家里的一片天空。

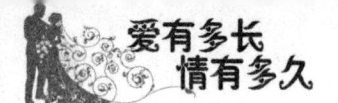

换个姿态看世界，婚姻方能保鲜

跟男人逛街，他的眼神随别的美女远去时；你认为重要的约会，他一次次迟到或半路早退之际；当你瞄上高档化妆品，他却在不动声色盘算自己荷包吃紧的瞬间；你可曾动怒，可曾由于言语或者行动过激，而伤害了他？甚至，搞得两人关系剑拔弩张呢？

若他是你的男朋友，吵吵闹闹，几欲分手，都没关系。再造，再教育，再换也行，反正大耳朵阿凡达不常见，五官俱全的男人满大街都是。若他已经成为你老公，那问题就有点严重，需要好好计划一下啦！

身为读者朋友们的铁杆闺密，我建议您，为了家庭稳固，处理问题时换个角度思考，改个姿态，或许更优雅，且有效果。

一、化悲愤为动力

作为一个善解人意的女子，应该不会总是摆出一副苦大仇深的模样。虽然你的大部分时间充当了他的保姆、厨师、陪护兼电热毯，但他是个有审美观的正常男人，否则当初怎么会选择你。对吧？

所以呀，还是要抽空让自己漂亮起来。若终有一天，红颜老去，他仍停留在"看"的层面，无法读懂你美丽的内心，而使你遭遇到背叛，也不要为这个肤浅的男人一蹶不振。

化悲愤为动力，是所有失恋、失婚、失意、失宠、失这个失那个的女人们，最具有说服力、最行之有效的行动准则。挫折最大的好处是可以加速智者的成功，如此坚强的一个你，怎么可以被打倒！相信你会用行动告诉背叛自己的人，在他缺席的篇章里，你的生命更精彩！

二、化干戈为祥和

对于"缘"字，古人一句"百年修得同船渡，千年修得共枕眠"，道尽世间烟火男女对漂浮不定的人生，聚散离合的爱情几多感慨。今人更是说：前生前世的五百次回眸，才换来今生今世的擦肩而过。可谓：古今无限有情事，世间多少无奈眼。

不是一家人，不进一家门，同一个屋檐下住了那么久，彼此的脾气秉性，闭着眼睛都可以倒背如流，还有什么解不开的积怨呢？吵嘴伤感情，不要再刀剑相向了。退一步，那就是婚姻的海阔天空啊！

"老婆还生气吗？如果仍不高兴，我去买一箱气球，陪你全部吹到爆……"

三、化无奈为疼爱

喋喋不休，是许多女人的天性，演讲大师也是从讲话开始练习的。如此看来，若把"唠叨"申请为女人的一项特殊专利，似乎并不算太过分。

只不过，绝大多数男人是不喜欢女人滔滔不绝的，他们常常把无奈化为沉默。当咱们的女同胞，说话说到老公疲倦，逛街逛到老公腿软，吃东西吃到老公反感的时候，比较绅士一点的男性能做到沉默，挂个脸子给你看，已经不错了。更甚者，会大发脾气，九头牛拉不回地嚷着回家。此刻，我们何不换个姿态，让他化无奈为疼爱呢！

当老公再不想陪你购物时，温柔地说一句，今天打算为他买××，担心自己的眼光不够好，希望他能同往。总之，每次逛街都是为了他，尽管买回的东西到最后还是你的比较多，但此行为他而去，他依然会幸福地没话说。

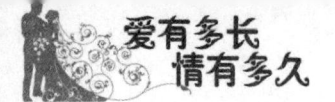

四、化低俗为情趣

每天面对形形色色的人群，说着各式各样讨好的话，似乎没有一分钟不在保持微笑，这是我们对待客户的准则。但那种僵在脸上的职业化的笑容，却使我们的生活缺乏了真正的笑声。

生命每天都在重复同一首曲子，再美的调调也会黯然失色，让人感觉俗不可耐。情趣，是种艺术，它总是以优雅的姿态存在。做情趣的主人，想尽办法使生活精彩起来，使自己和家人活得更加轻松自在。

努力做个优秀的调酒师吧。因为生活就像一杯鸡尾酒，酸甜苦辣都融在一起，看你怎么去调，才能正中爱情的下怀，触到婚姻的软肋。

五、化腐朽为神奇

"烟酒不分家"，在男人的信条背后，女人的愤怒疯长着。从小到大做惯了父亲的二手烟民，才离开父亲，又一头栽进老公的烟雾里。烟害人，酒误事，生活在这样的腐败之中，怎能不叫人抓狂呢？

但凡事不能硬来，换个角度，换种语气，沉下心境，好好跟他谈一谈，奇迹总会出现的，幸福使者只偏爱有准备、有爱心的女神噢！

上帝在创造男人和女人两个分别独立的个体时，就注定了吵闹与战争。然而，只要你够体贴就会发现，凡事都有它另一种更美更优雅的姿态。在婚姻里，何必太计较呢。男人，天生是用来征服世界的，而女人的使命很简单，只需要征服你认为对的这个男人就够了。

当然，在爱情和婚姻里，所谓的平等与绝对自由有时仅是笑谈。偶尔学学靠天吃饭的农民伯伯的豁达也挺不错，只问耕耘不问收获。

前些日子，看电影《不爱不散》颇受启发。助理颂恩替上司子茗的女友试婚纱，预演求婚，甚至把肝都捐了，却准备默默离去。她的理由是：这段感情，我能给的都已经给了，表白过，无果，是该到了放下的时候。爱，用尽全力；不爱了，就要学会放生，给彼此自由的天空。再见，亦是朋友。也许正是这份大度,让子茗迟悟到爱,最终牵起她的手。

爱无须太疯狂,免得落败时苍凉。如一炉火,烧到最旺的时候,也就即将要燃尽了;如一朵花,开到最美处,下一刻等待它的必是凋零。这世界有很多折中的办法,让我们不用爱得那么辛苦,也无须拼爹、拼娘、拼老命地付出。平淡是福!换个角度看世界,你会发现,爱还是细水长流的好。

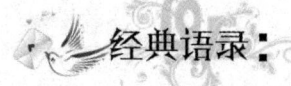经典语录:

◆ 爱情似专列,纵然有人同路,也可以在车上与其他心有灵犀者邂逅,并擦出一段火花。婚姻则像缆车,只有两个座位,空间也小,若超重太多,随时有坠入山涧的危险。

◆ 女人在泪水中能得到成长,哭是擦亮眼睛的一种方式,也是告别过去的最好宣言。

◆ 很多人,很多事,在我们身边时不懂珍惜,让习惯成为常态。一旦失去,方才懂了,却也多数时候无力回天。只好祝那个被我们伤害的,已不在身边的人,事事顺利,永远好运。

◆ 夫妻间闹矛盾,先低头的那个未必是他(她)真的错了,而是他(她)认为,家庭和睦之爱,比自己的尊严更加重要。

◆ 婚姻不是女人的全部,但是新生活的开始。女孩变成女人,意味着过去的一切画上句号。女人是个独立的整体,婚姻使她从丈夫身上学到自己所没有的,从而使自我更具魅力。

2

扯证后且行且珍惜

　　男人征服过多少女人并不值得炫耀，如果有一个女人愿意让你睡一辈子，而你又能为她耐住寂寞，拒绝身边飞蛾扑火般冲上来的"小鲜肉"，那么很荣幸，你拥有了炫耀的资本。

蝴蝶飞得过沧海，却会溺死于小溪

无论海那边有没有等待，蝴蝶若想飞越沧海，都要拿出比鸟类多无数倍的勇气与牺牲精神。如同我们的奋斗，必须把自己变强大了，才能抵住汹涌的海浪和肆虐的台风。

北美地区有种帝王蝶，色彩斑斓、身体硕大，是地球上唯一的迁徙性蝴蝶。每年十月底，它们分别从美国东北部和加拿大南部出发，飞越4500多公里，历时两个月，来到温暖的墨西哥中部林区越冬。来年3月，它们又一路向北，回到原来的栖息地。尽管这项巨大的往返迁徙工程需要两代、三代，甚至四代帝王蝶付出生命去完成，但它们的执着与毅力让我心生敬佩。

只不过，当它们飞累了，休息的时候，会轻而易举成为其他动物的美餐；渴了饮水的时候，又可能有那么几只因为太着急，而顺着湿滑的石头跌入小溪，就这样被溺死，让溪流裹挟着带走。经历了千山万水与重重磨难，最终葬身在这种无名浅滩，悲催呀！

其实，我们的爱情又何尝不是如此呢？一路风雨，跌跌撞撞，许多人在半途被撇下，还好我们没有。终于，相约携手走进围城，在城里面，逛着逛着，居然会把另一半搞丢了……

崔姨和刘叔是小区里出了名的模范夫妻。早些年，两人响应党的号召，晚婚晚育，只生了一个女儿刘婷婷。三十年后，姑娘在北京学业有成，职场得意，组建了自己的小家庭。本来挺好的事儿，老两口儿一退休就等着享清

福啦!可糟糕就糟糕在退休上,刘叔大崔姨五岁,同一年,崔姨春天退下来,刘叔秋天退下来。

刘叔是基层干部,乍一离开岗位,没人归他管了,不习惯呀!渐渐地,没事找事儿,看哪儿都觉得不顺眼,"老崔啊,你瞧瞧这花蔫儿的,都超越上甘岭了。还有这葡萄架,快让虫子吃成光杆儿啦,也不收拾收拾。你成天在家,怎么眼里就没活儿呢?"

老伴儿一听这话,立刻拉下脸来。"我伺候你们老的小的半辈子了,一大家子人的吃喝拉撒哪样不是我操心啊?我眼里没活儿,什么事儿指望过你吗?你整天就知道上班,家里的油瓶倒了,你都没扶过一回。现在太闲了,芝麻绿豆大点儿的事儿,就跟我吵个没完。你要把找茬儿当正经活儿干是怎么地?"

老两口儿经常是说着说着话就吵起来,严重的时候居然闹到居委会来给调停。刘叔一拍桌子:"不过啦,离婚。"崔姨也不示弱:"离就离,谁怕谁呀!"

刘婷婷挺着大肚子,坐完出租车又倒公交车赶回家,为劝阻爸妈不要离婚,好话说了一箩筐。最后,还是女婿给支了个招儿,让老两口儿出去旅游,换换环境,拍拍照片,心情好,自然就不会吵架了。可刘叔说,国内没什么好玩儿的,以前出差的时候基本上都转过。

"那就去国外,反正世界那么大,我也想去看看。"崔姨的话让全家目瞪口呆。这位一毛钱恨不得掰成八瓣儿花的老太太,朴素勤俭了快一辈子了,怎么突然之间这么大方起来?

刘叔提醒老伴儿,"出国,不像逛菜市场,花个百八十就能回来。少说也得几万,你舍得吗?"

"你都要跟我离婚了,省下钱来也是便宜小三儿,有什么舍得舍不得的。再说了,人家电视上还报道过一块钱玩欧洲的,前段时间又有个小伙子搭车穷游。咱们多少比他们底子厚实,趁还能走得动,玩儿就玩儿了。"

就这么着,老两口儿真的飞去欧洲。他们在伦敦大本钟附近住下,感受距0度经线最近的第一缕阳光,当时的心境,美得难以用语言形容。手牵手,在泰晤士河畔漫步；在凯旋门上远眺巴黎凡尔赛宫；在巴塞罗那吃遍美食，还买了几套名牌服装；在"永恒之城"罗马淘了不少纪念品……

刘叔解释，当时手牵手的原因是：老伴儿完全不懂英语，担心把她弄丢。结果，两人牵着牵着，便成了习惯，回国后过马路也会不约而同地牵起手，有点像怕孤独的小朋友。

一个月，老两口儿转了欧洲六个国家，有时坐火车，有时坐汽车，本着少花钱又不走冤枉路为原则。兴致好的时候，他们跟青年人学习，租一辆双座自行车骑着满大街逛。玩得乐不思蜀，根本没空吵架。崔姨每天除了查电脑，跟刘叔讨论下一站去哪儿，就是看刘叔用蹩脚的英语加乱七八糟的手势比画着问路。崔姨一边偷笑，一边在她的随身日记本里悄悄写下一段话。"我已经太久没有像现在这样依赖过老刘，仿佛30年前刚认识时的感觉又回来了……"

去年冬天，刘叔突发奇想，要去挪威北海岸看北极光。刘婷婷吓坏了，她说那边天气非常寒冷，温度会在-40~50℃。无论如何不让爸爸去，还发动妈妈和老公一起劝说爸爸。岂料，妈妈竟然把行李都准备好了。

小两口儿扭不过老两口儿，刘叔、崔姨再次飞往欧洲。这回可没上次那么顺利，幸福指数也明显下降。天冷呀！呼出来的气体恨不得贴着嘴唇就结成小冰晶了。北极光的边儿还没摸着呢，崔姨已经冻得感冒了，高烧39度。她开始后悔当初不听女儿的话，这冰天雪地的，跑到人生地不熟的异国他乡来，学什么小青年，整什么浪漫，简直就是浪费钱。

面对病床上的老伴儿，听着她喋喋不休的唠叨，刘叔的心情也糟糕透顶。在室外长廊吸烟的时候，刘叔遇到一位来自台湾的摄影师，看见他相机里拍的北极光照片，立刻就来了精神，并决定等老伴儿好些了，无论如何都要去亲眼看看北极光，不然，这辈子恐怕再也见不到如此美轮美奂的奇景啦。

那天，刘叔把基本康复的老伴儿托给护工照顾，自己穿了两套羽绒服，做足保暖措施，租车到达北极圈内，按照台湾摄影师指点的方位，在一座冰山附近，果然见到了北极光。刘叔捧着单反使劲儿按快门，为了寻找更好的角度，

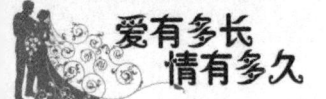

拍更多更美的图片给老伴儿看,他索性爬上冰山去拍。结果,脚下一滑,人和相机从半山腰滚下来。崔姨不放心,拖着病体赶去找老伴儿,就把摔断腿的刘叔找了回来。

从此以后,老两口儿真正过上了相敬如宾的幸福生活。每当刘叔再找茬儿,或闹矛盾的时候,崔姨就会笑着数落,就算我有千万个不好儿,别忘了,我可救过你一条小命啊!

本来已经急得脸红脖子粗的刘叔,听了这话立刻像泄气的皮球,浅笑一下。"是呀,咱们俩还得算是患难夫妻了呢!"于是,两人就都笑起来。

跑赢时间和距离的,未必是爱

门第、学历、年纪对于婚姻而言真的那么重要吗?是的。激素经常让人一时头脑发热,糊涂地就爱了。但结婚不一样,那是种明明清醒却要装糊涂的新玩儿法,未想通,没学会的,先在旁边看会儿,非懂勿入。

此文献给那些在追求高大上的途中拼命挣扎,挤破脑袋,一心想要力争上游的"童鞋"们。要知道,能跑赢时间和距离的,未必是爱,它可以是信念,是亲情,友情,或初见你的那份悸动。女人的第六感就算再准,也屡屡因遭遇到迷恋的男人而短路,索性别相信"我会爱你一生一世"这类骗鬼的话。做最棒的自己,牢牢稳住你的爱情之穴,别让狡猾的盗墓者得逞,这才是婚姻制胜的关键。

大林子是清华大学的研究生,毕业后直接分配到了研究院工作,是个微缩版的经济适用男。之所以用"微缩"这个词，是因为大林子各方面条件都不错，北京户口，父母双职工，为他结婚已经准备好了新房，唯独大林子身高一米六四挺让女友发愁的。

遥想当年，大林子苦追女友三个寒暑，终于拿下。只是，自从跟他谈恋爱，女孩没敢再穿过高跟鞋，166cm 的女生，跟大林子站在一起，他已经比女友矮了一截儿，需要仰视。如果人家再穿上高跟鞋，更像是领着个邻居小弟弟了。

为寻求平衡点，大林子尽其所能地对女友百依百顺。两年后，当他谈到结婚的时候，女友却坚持要分手。大林子不甘心就这么放弃自己的初恋，他拼命想挽回。女孩居然说出很伤人的话。"大家都是成年人，谈个恋爱，玩儿玩儿，无所谓。结婚当然要找个高富帅，再不济也得是个型男，像你这种基因，对不起下一代呀！"

自尊心受挫折的大林子咬牙切齿地说："甩我，别后悔。我一定会找一个比你更高、更漂亮、更年轻的女孩结婚。"

28 岁的大林子失恋了，19 岁的紫雪高中毕业后到北京打工了。半年多苦熬的打工经历让紫雪越来越觉得，在大都市低学历是根本没法混的。她要努力改变自己的社交圈子，要跟有知识、有文化的人交朋友。她报了成人自学考试，商务管理专业，认识一位非常热心的学姐，在学姐的生日晚会上有幸结识了大林子。

谁也没料到，相差九岁的两个人，竟会有那么多共同语言。晚会散场时，学姐笑嘻嘻地悄声对大林子说："哎，紫雪缺个辅导老师，你差一个女朋友，干脆，把她收了吧。"

大林子紧张地红了脸。"不行，不行。我刚失恋几个月，怎么能拿人家小女孩当替代品。"

学姐有点着急。"什么替代品呀？你不是信誓旦旦地说过，要找个 90 后，漂亮的高个子女生做老婆吗？吹牛的？"

"当然不是。"

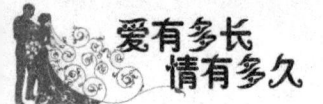

"她，真正的1990年出生，身高168cm，身材和脸蛋儿比一般的漂亮还要出色那么一点儿吧？"

大林子温柔地看一眼紫雪的背影，腼腆笑道："那肯定的。只不过我还没做好准备。"

"准备什么呀？花轿吗？你以为现在让你娶她呀！慢慢培养感情嘛！"

不太自信的大林子受了学姐的鼓舞，主动提出要给紫雪辅导不会的功课。喜出望外的紫雪立刻感动到连连致谢，并仔细记好林哥哥的电话号码。

自学考试的淘汰模式非常残酷，一年考两次，每次最多能考八科，紫雪有点急于求成，她报了六科，到临考还有一个多月时间才发现，哪本书都没看完。紫雪急得哭了，她给大林子打电话求救。自此，每逢周六日两人就约在清华自习室，大林子为紫雪恶补，甚至复习到深夜，还很体贴地送她回出租屋。

成绩出来时，紫雪高兴坏了，原本没抱太大希望，竟然有一半过关。意外惊喜，兴奋之余，她给大林子打电话，请他吃饭。

紫雪借着一瓶啤酒的醉意，搂住大林子的脖颈，告诉他："你是个好男人。你的故事我听说了，我要做你女朋友。"

大林子怔了怔，"不会酒醒后反悔吧？"

紫雪的吻突然盖住他的唇，又迅速躲开。"签字盖章了，反悔无效。但是，我现在还配不上你，等我两年，通过自考本科，我就娶你。"

大林子嘴巴都笑歪了。"不用了，还是我娶你吧。"

从此后，紫雪对自己的学习抓得特别狠。她要求考试必须是百分百的通过率，不然就罚自己不许买衣服，不许看电影。这样大林子也跟着遭殃，连约会时间都牺牲了。他为紫雪开脱："每年过七八科就很不错了，别太苦着自己。我保证，就算你考不上本科，当我老婆也不会被退货。总行了吧。"

紫雪坚决不同意，她必须过十科。转过年一月份，又加考了两门公共课，才短短一年时间，专科就迅速拿下了。爱情的力量真伟大！

考本科虽然没那么顺利，但也只用了两年。在还没有拿到本科毕业证时，他们先去领了结婚证。大林子30岁生日那天，正式向紫雪求婚。手续是合法了，而好胜心强的紫雪仍坚持考上研究生再办婚礼。她不想让别人嘲笑大林子娶了个没文化的新娘。所以，他们名义上仍是男女朋友。

扯证不到两年，研究院新分来一个女硕士，二十六七岁的样子，人长得也算漂亮，中等个儿，颇有气质。女硕士非常欣赏大林子的才华，不止一次约他吃饭，都被婉拒了。听同事说大林子有女朋友，而且是个高中生之后，她开始运用全身解数，准备挤进他们的爱情。

四月中旬，研究院举办周年庆祝酒会，女硕士居然在众目睽睽之下邀请大林子做自己的舞伴，碍于面子，加之紫雪太忙，还没赶过来，就暂且陪她跳了第一支舞。

舞曲临近结束，紫雪就出现在酒会上。她淡然一笑，对大林子的领导和同事说："抱歉，我来晚了。因为今天有个特别重大的好消息要宣布，我去买礼物了。"

大林子见到紫雪一副做错了事的讨好样，迅速走到她身边。女硕士却似挑衅般，也跟了过来。紫雪抓着大林子的胳膊，激动地说："老公，我被人民大学录取了，他们的硕士研究生名单中有我。现在，我可以名正言顺地做你的新娘了。"

在同事们的祝福声中，紫雪与大林子共赴舞池，她跳得像一只骄傲的孔雀。她也的确有骄傲的资本。未满23岁，被人大破格儿录取为研究生，用教授的话说，是史无前例的。

然而，这个倔强的姑娘，如果不对自己狠一点，抢时间，拼学历，拉近夫妻间的距离，会赢得今天的爱情吗？未必吧！换言之，年轻的她是用智慧和上进心套牢了幸福。

我们或许也曾像19岁的紫雪那般自卑，担心天上掉下来的林哥哥会瞧不起自己，就算现在爱了，将来终有一天要分。但是，我们又做了什么呢？会牺牲掉所有休息日，全力以赴为自己充电吗？会不会觉得考研太难，女孩子有个本科文凭就不错了？……

其实之前，大林子也说过，他都31岁了，想要个孩子。"老婆，别苦熬

啦。咱抓紧把婚礼办了,老公养你。"紫雪的坚持打动了他。"就给我一次机会,至少在考研的路上我努力过,不会后悔。孩子一边读研一边养,两不耽误呀。等我毕业了,孩子也断奶了,找份工作还能补贴些家用。多好!最重要的,老公,我不想让你太辛苦。我的起点高一点儿,将来事业发展才会越走越宽。房贷呀,教育基金呀,我们就能够一起分担。"

一个人胸怀有多大,成就便有多大。没有算计的人生是盲目的;没有计划的婚姻是可怕的;没有理想和目标的人,无论在生活里,还是事业上,都不会太出色。就现在,立刻,马上行动起来,好好规划一下,让自己的生命更精彩。好吗?!

两耳不闻琐事,一心为家付出

她是一个农村女人,有个好听的名字,叫杏儿。但她很不幸,13岁就没了娘,考上高中那年,爹再婚,后娘想方设法断了她的学费。爹在外地打工,也希望女儿有出息。可自从后娘怀上弟弟,杏儿就更不吃香了。

她时常周末或节假日天不亮就从学校出发,骑八十多里的自行车,跑到村子附近的山上,摘些蘑菇、野果子或山核桃之类,用小筐和口袋装好,赶在天黑前骑回学校所在县城,到夜市上去卖了,换些钱交学费。同学阿强知道后,就陪着杏儿一块儿进山,一块儿卖山货,本想把钱都给杏儿,但杏儿不要,非得一人一半儿。

临近高考,学业非常紧张。有几天,阿强没来上课,杏儿焦急地望着他的书桌，不知如何是好。后来听说，阿强的爸爸疲劳驾驶，出了车祸，全身瘫痪，妈妈伤心过度，病倒了。为了一家人的生活和弟弟妹妹的学费，阿强决定牺牲自己，撑起整个家。

杏儿犹豫良久，还是悄悄收起武汉大学的录取通知书。此时，门外传来后娘的叫骂声。"你爸给你好吃好喝好待承，指望家里能出个大学生，我说什么来着，不是那块料。人家哪有空学习呀，现在流行早恋。"杏儿打开门，含泪瞪着后娘。"我明天就去打工，挣钱孝顺你们，总可以了吧。"

不久，杏儿和阿强都在省城找到了工作。他们把有限的工资合到一处，分成五份儿，其中两份寄给阿强的父母，一份寄到杏儿家，一份当生活费，还有一份存起来。

打工七年，加上杏儿做兼职的钱，他们攒了将近五万块。阿强想用这笔钱办个像样的婚礼，杏儿不同意。他们回村杀掉自家养的猪，摘回地里种的菜，简单地请父老乡亲们吃了个大锅菜，就算结婚了。在省城，也只是请要好的同事和朋友吃了顿便饭。杏儿连红包都没收，餐桌上一再请求大家，有什么发财的机会，别忘了带上他们家阿强。

半年后，阿强工地的小包工头家里有事，急需用钱，想把手头的活转出去，问他接不接。杏儿在电话那头儿大喊着："当然接。这是你翻身的好机会，你不想长年当苦力吧。"

"可是，需要二十多万呢。我上哪儿弄那么多钱去？"

"笨呀！你不会再找两个人跟你一起接吗？咱出十万。"杏儿果断地放下电话去借钱了。

一年后，阿强的新公司开张。杏儿挺着个大肚子，请工人们吃开工饭，竟是一大碗拉面。她笑着说："这寓意咱们的建筑公司可以长长久久。"话音未落，电话响了，阿强瘫痪的父亲出现肾衰，要马上住院。阿强接了新工程，走不开，阿强的弟弟在省里上大学，也没办法天天守着，杏儿只能自己在医院忙进忙出。

父亲过世两个月，女儿出生了。那段时间，杏儿始终住在乡下，一来照顾

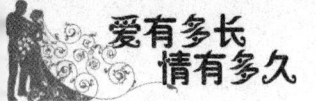

婆婆，二来看着孙女，老人也没那么伤心。

阿强妹妹高中未读完，不想再上学，就去了南方打工。老家再没别人，阿强成天住工地，当时省城也没房子，杏儿就干脆一直住在婆婆家。直到后来，阿强有能力买了房，杏儿邀请婆婆去住，老太太已经不习惯了，身体也越来越差，杏儿只能继续在乡下陪她。

几年后，阿强成为省城富甲一方的大包工头儿。穿着，谈吐，及行事做派与之前也大不相同了。他们夫妻间仿佛少了些共同语言，阿强回老家的次数也越来越少。

儿子两岁时，突然发高烧，在县医院治了两天不见效，傍晚时还出现抽搐症状。杏儿立刻把九岁的女儿托付给婆婆，自己连夜抱着儿子去省城看病。她不停地打阿强的电话，先是不接，后来干脆关机。儿子急性肺炎，杏儿不眠不休守了三天三夜，后来弟弟过来，两人替换着照顾孩子。终于，第七天儿子彻底烧退了。阿强仍未出现。

杏儿气极败坏地杀到阿强的建筑公司，秘书说他刚从国外回来，现在办公室开会呢，不让打扰。不管三七二十一，杏儿还是冲了进去。所谓的开会，是和一个半裸的女人滚沙发。杏儿实实在在抽了阿强两个嘴巴，什么也没说，径直离开了公司。

五天后，阿强收到一封快递寄来的"离婚协议书"。上面明确写着：阿强净身出户，所有夫妻名下存款和房屋都归杏儿母子三人。公司归阿强，但必须一次性支付孩子们20年的抚养费，没有现金可以用公司名下十处房产代替。如果不同意，就到法院起诉离婚。

别人都以为杏儿疯了，狮子大开口。她并不反驳，也不辩解。那天在阿强办公室，她看到茶几上的首饰、衣服和未开包装的女鞋，全部是国际名牌，立马儿就明白了，阿强为这个女人是下了血本儿的。他有九成是想再婚了。一个乡野村姑，跟年轻时尚的摩登女大学生相比，那简直是豆芽儿菜和小白杨的差距。噢，不对，不对，这么说有点侮辱白杨树的意思。

总之啦，杏儿笃定阿强会接招儿。果然，又有十处房产挂到她名下。杏儿利用自己在网络上已经非常熟悉的人脉，在价位颇高的时候，迅速把十套房子脱手。

过了些日子，"房产税"这个词儿被人们炒的越来越热。又过了些日子，整个省城的房子大半遭受冷遇，尽管开发商大张旗鼓地搞活动，让利促销，卖出去的仍没几套。有些工程款结不回来，也有的打了水漂儿。阿强手上的工程也时有停工的，就算再多坏账，公司的摊子不能散架呀！

阿强想，第一次结婚太委屈自己了，这二婚必须得风风光光的。他预订了五星酒店，租个豪华婚车，一切尽量做到完美。怎料，拍婚纱照的时候有民工找他要工钱，踩红毯排练时又有追债的来捣乱。结婚当天，一群人讨债无果的农民工砸了他租的劳斯莱斯，光维修费就赔了两百多万。婚自然也没有结成，阿强的公司面临破产。树倒猢狲散，二婚老婆收拾包袱跟他说了拜拜。

而此时的杏儿，父亲刚刚去世，阿强的弟弟陪着她给老人料理完后事。老人死的时候，一直在后悔，当初应该让杏儿复习一年，再战高考，最不该让她去跟阿强打工，赔上女儿一生的幸福。杏儿哭着送别父亲，她把多年前那张发黄的武汉大学录取通知书找出来，在父亲坟前烧了。继母和阿强的弟弟同时用异样的目光看着她，仿佛这不是他们认识的杏儿。

阿强的建筑公司没有倒闭，杏儿把卖掉那十套房子的钱注入了他的公司，大部分项目又能正常运转了。阿强要求复婚，杏儿没答应。她说："泼出去的水，收不回来了。但是你别忘记，你还是孩子们的爸爸，除了尽父亲的义务，每年要重新给抚养费啊！"

"你还是孩子们的爸爸"，一句看似轻描淡写的话儿，却道出这位善良女人的全部心声。虽然现在仍无法原谅你，但就因为你还是孩子们的爸爸，即便再坏，再对不起我，看在孩子们的份上，我不能见死不救。至于未来，要看你怎么表现了！头"昏"容易，再"昏"一回，可得小心。

机智聪明的杏儿，并没有安于现状地做她的农家阔太太，相反，她时刻洞悉着国家政策与房地产市场的波动情况，掌握所有制约建筑公司发展的资料。偶尔会以跟阿强秘书聊天的方式，交流一些信息，了解公司动向。至于小三的

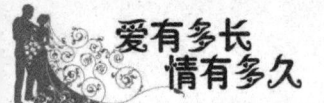

存在与否，她不去多想了。婚姻是个整体，夫妻俩对外只有一张脸，一旦撕破，无论多优秀的整容师也无法复原。

爱要说出来，闷声不响给谁猜

结婚前，爱情就像真人版的《猫和老鼠》，你一直追，我一直躲，偶尔给点甜头，转眼又望尘莫及；结婚后，爱情就像单机版的CS，各玩各的，相当必要时，才在对战中给彼此打个掩护。这怎么行呢？长此以往，夫妻俩将渐行渐远，围城之内，你也很难再混下去。

所以呀，千万别把"婚内爱"藏起来。只会闷着头对他（她）好，默默地心疼与照顾，等对方慢慢习惯，便感觉不到你的付出。你家城门就快失守了，还在这里悠哉游哉个屁呀，还不快去加固。爱要大声说出来！善于表达和行动，不但要让另一半感受到那份体贴，更重要得心领，并且不着痕迹地感恩。

都说爱情里的男女很虚假，狡猾地尽可能藏好自己全部缺点，待到领了大红本本儿，过上柴米油盐的日子，才如释重负地卸去伪装，以真面目视人。

我相信，只有漂浮不定的心，没有永不背叛的男人。他之所以依然安分，只能说明在目前的状况之下，他的责任心高过欲望，邪未胜正；或者诱惑不够，还不足以让他心动。对于那些经济条件尚不允许的出轨，自不必说了。所以，一定要看好你的男人。

"李欣言，你疯了？我只不过跟同事出去吃个饭，有必要发这么大火吗？"
"吃饭？你蒙傻子呢！那唱歌的女人谁呀？"老婆李欣言给杨洋打电话的时候，

分明听见他旁边有女生在唱《错爱》，那么深情的声音，那么直白的等待，让李欣言疯狂成一枚陨石，在未撞击地球之前，清清楚楚地告诉他，立刻回家，否则后果自负。

入夜的小区十分宁静，杨洋悄悄回到家，看到桌角保着温的茶水，以及蜷缩在沙发上、佯装睡熟的老婆，突然就变得温柔起来。他轻轻地抱李欣言上床，帮她宽了衣，盖好被子，然后关灯，自己退回到客厅，悄悄喝茶、刷牙，乖乖洗澡睡觉。

李欣言和杨洋认识于一场朋友的派对，他的才华与风度深深吸引了李欣言，他们一连跳了两支舞，第二曲结束时，他拉着李欣言的手，很专制地说："做我女朋友吧。"没等到李欣言回答，杨洋的吻已经落下来，大脑出现短暂的空白后，舞池里此起彼伏地响起看客的掌声，如在作秀。那么反感言情小说的李欣言，心中小兔乱跳了一阵儿，竟没有丝毫生气的意思，只觉得这个家伙很爷们儿，有味道。

李欣言是个率直而任性的女孩子，自从留学回来换了不少男朋友，相处下来，全都时间不长，大多是因为性格不合掰了，唯独杨洋是最能忍的一个。三个月里，他从没跟李欣言红过一次脸，凡事都特尊重她的意见，甚至随时准备着B方案，明明安排妥当了，还要再确认。那股认真劲儿，让李欣言觉得今生今世有他足矣。

然而，结婚之后，那个把她捧在手心里的男人忽然就不见了。生活中还出现许多莫明其妙的小插曲，比如岳母快过生日了，夫妻俩约好一起吃饭逛街买礼物，菜刚上桌，公司有电话打来，杨洋接完电话，扒几口菜扭头就走，只甩下俩字儿："加班"。

现在更是变本加厉，加班加到歌舞厅了。看在以前的情份上，李欣言常常故意忘记计较。无论发生多大的事，只要想把日子过下去，就必须有一个人服软。基本上每天，在杨洋进门前半小时，李欣言已经泡好温热可口的绿茶等他回来，男人在外打拼不容易，家应该是他们最温馨、最安逸的避风港。

婚后没多久，杨洋的大男人主义就开始冒泡，说什么公司像他这样的，孩

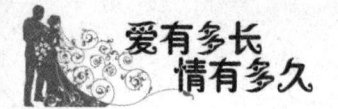

子都会背《三字经》了，他的薪水虽然不及李欣言高，却也算得上这个城市里的中上层。商场上尔虞我诈，暗箭太多，怎舍得让老婆冲锋陷阵。他苦口婆心做李欣言的思想工作，无非是希望老婆辞职在家相夫教子。

李欣言先是装聋作哑，被念叨得烦了，便跟他吵起来。"你就是见不得老婆比自己强，哪里有那么多爱吃人豆腐的上司或者客户啊，你自己也是主管，难道经常利用职务之便占女同事的便宜？"

杨洋气得脸色铁青，丢下洗到一半的碗筷，甩门出去了。这怎么行，不做家务可是李欣言在同意结婚时争取的福利之一，几个月前他才满口答应，并声称会任劳任怨地干一辈子，现在怎么着，说翻脸便翻脸啦。就这还想要孩子？意见不合就玩出走，比女人还小气，指不定哪天就跟本姑娘分道扬镳！

正在气头上的李欣言胡思乱想着，也准备收拾东西一走了之。杨洋居然回来了，手里拿着一条烟，扔到茶几上，仿佛没事发生一样，继续洗他的碗。然后，又从李欣言手中接过衣服，扔进洗衣机里。说："我答应过，让你做个十指不沾阳春水的女子，保护好自己，手模特的生涯才可以继续，否则，想不在家当黄脸婆都难了。"李欣言笑，虽然表情有点奸诈，但老公终于理解了她的事业，心中仿佛有块石头落了地。

其实，自从嫁进杨家的头一天，接亲的队伍里有人问及李欣言的职业，杨洋回答含糊其词，她就知道，老公并不了解这一行，并且很介意拿老婆的手当展品。所以，蜜月过后，李欣言找到住宅楼的小区物业，希望在他们的宣传栏里展示一下手模文化，听说这位业主可以免费提供相关资料和文章，经理很客气地致谢，答应下个月就贴出来。站在八楼的阳台俯视，正好可以看到转角处的那块宣传栏，李欣言想，只要坚持每期都有新内容，自然会吸引人。杨洋天天上下班路过，就算不故意看，也总会有一次注意到。

每个人都有他们生活的轨迹，按照自定义的模式快乐地度过二十几个春秋的李欣言，怎能因一朝嫁人而失去了素有的色彩，变成老公的配件与附属品。她的概念是：无论男女，事业永远是生命中最光鲜的部分。所以要坚持，不能让事业为爱情褪色。

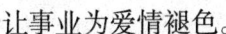

本年度最意外的事情，27岁的李欣言怀孕了。杨洋喜出望外，像小孩子一样抱着老婆在屋里转圈，烟酒说戒立刻就戒掉，没见有半点过渡期的不适。用他的话讲，"刚结婚就准备着呢，那会儿嘴边没烟就仿佛生活中缺少了什么似的，现在你修成正果，我立地成佛。"

烟酒是小事儿，李欣言最担心像杨洋这样精力旺盛的男人，把睡前运动当作宵夜，少一顿都睡不安稳，今后的九个月要怎么挨。刚开始的几天，杨洋很乖，一会儿对着她的肚子说话，一会儿侧着耳朵听动静。"傻瓜，他现在才不过玉米粒大的一个肉球，知道什么呀。""那就补充营养，叫咱宝贝快快成长。"又是肉蛋奶，又是果蔬橙汁，杨洋如招待女王般地服侍李欣言，像柳下惠那样搂她入睡。可时间长了，他就变得不安分起来，时不时送个热吻，在火苗燃烧之前，李欣言及时给他泼了一盆冷水。"老公，再忍耐一下吧，好不容易有个宝宝，你也希望生出来健康聪明，对不对？"

为了让老婆安寝，杨洋决定抱着被子去客厅里睡。哎！这便是要孩子的代价。

婚后这两年多，杨洋总是下班就闷在家里洗衣做饭，他的朋友偶尔会上来坐坐，夸他是居家的好男人，懂得疼老婆。可最近，也许由于无聊，吃过晚饭，杨洋就找各种借口出去唱K，泡酒吧。有时煮好饭也不吃，留张便条说跟同事聚餐，直到大半夜才回来，身上还有香水的味道。

虽然感觉杨洋不像是那种容易背叛婚姻的男人，可是，哪有不贪腥的猫？他30岁，位处高管，年薪20万，长相也不寒碜，属于许多年轻女子求之不得的梦中情人类型。所以，如果这时候，他身边有女人想趁火打劫，李欣言一点也不奇怪。

近日来，李欣言尽量推掉一些应酬不让自己太劳累，医生说，怀孕前三个月是关键，保胎很重要。不过，为了捍卫领土完整，偶尔疯一次又何妨？李欣言打电话给杨洋，告诉他，公司有活动，很晚才能回家，让他不必等自己吃饭。其实，那是一个可去可不去的小明星演唱会，纯粹的偶像派歌手，李欣言

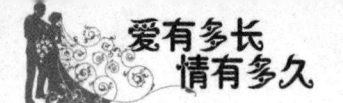

私底下叫他"白面书生",他也对这个外号并不反感,笑嘻嘻地说:"欣言姐给取的名字,喜欢还来不及,哪能反感呢。"

那天,书生喝得有点高了,杨洋来接老婆回家的时候,他正把李欣言的左手捧在掌心,低下头去想要亲吻,却被杨洋冲上去,一把揪起脖领。书生错愕地站在那儿,不知如何是好。李欣言微笑着,向后推椅子,想要站起身,却向后趔趄了一下,杨洋回过神来扶她,她却拉住了书生的袖子。离开前,她轻轻地给书生一个拥抱,"再次祝贺你演出成功,今天大家都很尽兴,少喝点酒,我先回去了。各位回见!"

看着打翻醋坛子的杨洋,李欣言心里既好气,又好笑。"对于一个男同事,有必要这么热情吗?""我们可是好久不见哎!何况人家像团火,我总不至于回敬他一块冰吧。呵呵,拥抱而已,比起某人衬衫上的 Lucking kiss 含蓄多了。"

杨洋并没有解释衬衫上的口红事件,大概不想为了那迷途已返的过往惹老婆不开心吧。李欣言了解他的脾气,如果真做了错事,他不会那么坦然地面对妻子和未出世的孩子。在利用了"白面书生"的好色优点帮她演完这场戏之后,杨洋仿佛突然间学会了换位思考,生活又回到原来的样子。

"己所不欲,勿施于人",没想到这句亘古不变的真理,竟然会为李欣言拉回走在出轨边缘的老公,真是难能可贵。

日子一天天过去,可李欣言的肚子却几乎没有变大的迹象,这让她和老公都很着急。好不容易等到满三个月,夫妻俩去医院做检查,医生说是后位子宫,胎心正常,月份大了自然会显出来的,终于安心。

回家路上,接到"白面书生"打来的电话,他说签名售唱片的活动已经结束,他现在公司,问李欣言有没有空一起吃个晚饭。李欣言说好,半月没见了,叫上其他同事,大家一起聚聚吧。可当她到了约定地点才发现,整层的餐厅只有他们两个人,周围音乐响起,书生手捧一束香水百合站在原地迎接李欣言,她这才感觉不对劲儿,这哪里是聚会,分明是场有预谋的表白。李欣言想找机会开溜,却已经来不及了。

"欣言，我爱你。"书生的百合递过来，李欣言努力躲闪着。"我结了婚的。""那又怎么样？现在结婚离婚像过家家，这并不影响我爱你呀！"

李欣言的头很晕，用尽全力说了最后一句话："我对花过敏，老公……"

还好老公不放心她，在楼下等着，才救了她和宝宝一命。躺在医院的床上，李欣言努力地睁开眼，便看到了老公期待的泪光。他那副紧张的样子，让李欣言突然觉得自己很重要，而且，一直以来，他给自己无数宽容与爱。这次意外后，老公仿佛在一瞬间变得成熟了，再也不是之前那个想要安排妻儿的人生，将其纳入羽翼下的跋扈男人，突然间学会了珍惜。

吃过东西，李欣言想找医生确定一下孩子的情况，却看到病房门口老公骂人的帅气样子。"你为什么对一个有夫之妇穷追不舍，干嘛还弄个破花晃来晃去的，人家说不要就扔到一边好了。你的爱值两条人命吗？你脑袋被猪啃了吧！……"

呵呵，这句关于猪的经典版本是李欣言曾拿来说杨洋的，原先这个文质彬彬的大男孩，还怪李欣言不够五讲四美，怎么现在他都学会了。

同事来医院看李欣言时，都很惊讶，说她老公变得比以前更温柔，更体贴。他有点不好意思，李欣言却笑得合不拢嘴。"这叫是本姑娘不辞劳苦，长期改造的结果。"

经过这么多事，李欣言相信：就算遇到再多风雨，只要我们夫妻同心协力，真诚地去面对，就没有什么过不去的坎儿。当然，现代女性嘛，把硬件素质提上去也非常重要。用句玩笑话说："我也得把自己培养成入得厨房，出得厅堂，斗得过小三，打得赢流氓的大智若愚型千面女郎。呵呵！"

其实呀，老公就像一只风筝，在把他放飞时，线松了又紧，紧了又松，纵然其中有不少风波，也会狂风来袭，遇到快断线的时候，只要收得及时，放得得当，风筝的线儿始终握在自己手里，那便是幸福。

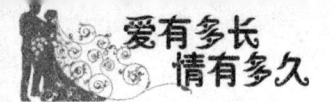

多少温柔乡，终究成了英雄冢

历史上流传着不少美人爱英雄的千古佳话，却有几人在意过其幕后的故事。吕布与貂蝉，郎才女貌，看似极般配的一对，却是要杀了干爹董卓，拐跑貂蝉，姻缘才得以成全；范蠡把心爱的女人西施献给了吴王夫差，以助越王勾践消灭吴国的大计，成功后，夫差自刎，西施背着亡国妖女之名，死到哪里去了，谁又知道；最悲催的要数陈圆圆，吴三桂投降清政府不说自个儿没骨头，大言不惭个什么"冲冠一怒为红颜"。丫就一个流氓，当他独霸云南，沉醉在新宠莲儿与其他三妻四妾温柔乡之时，年老色衰的陈圆圆又在何处？

由此不难看出：好伴侣是鞭策，是力量，是前进的风帆，是安睡的抱枕。让生活充满希望，让心情没有负担，轻装拼搏职场，潇洒笑傲人生。坏情人是枷锁，是时尚的妖精，是吃钱的怪兽。让你痛并快乐着，让你身背提款机，久久直不起腰。直到你铜板渐少，人亦渐老，才挥挥衣袖，送你一片会下雨的云彩。

秦少辉虽长相平常，却是个学习刻苦且有才华的男生，在大学校园里，一批女粉丝喜欢他，这哥们儿看都不看一眼。有人说他是 BL，当场被打歪了下巴。"你见过这么威武的同志吗？哥哥并非不喜欢女生，而是养不起幼稚的小女朋友。"

他说的没错，这个山里孩子过早地谙于世事，了解自己。秦少辉家里穷，为了供他和妹妹上学，父母贷款和借款总共十几万，老家的房子年久失修，都快塌了，下雨天，屋里的水比外面还多，因为没钱，爹妈和奶奶仍然凑合着住。

秦少辉最大的梦想就是嫁个有钱的富姐儿，哪怕三婚五婚都没关系，大他十岁八岁也不计较，只要先把家里的债还上，让他少奋斗几年，他真不想像父亲那样苦熬大半生，什么都攒不下。至于那些小姑娘，留给别人去打情骂俏吧，他没时间应付，也不想白白伤害人家。

大二那年，刚满22岁的秦少辉就开始在各交友网站上张贴自己的征婚资料。可能是太年轻，网友们觉得可信度不高，甚至有些姐姐把他当成"夜店少爷"，在QQ上问他多少钱一晚。还有个常姐更不靠谱，问他是否检查过身体，有没染上什么传染病？秦少辉恼羞成怒地回复：哥还是处男！顺便骂了几句，将对方拉黑。

谁知，隔天这位常姐又用另外一个Q号加了秦少辉好友，想弄清楚他的情况。这次，两人在网上聊的很好，越来越熟悉起来。

常姐比秦少辉大13岁，跟丈夫离异，就因为她不能生孩子，看了很多家医院，怎么都治不好。分开的时候，前夫给了她大半财产作为补偿。他们曾经那么相爱，就因为没孩子，说分就分了，这事儿对常姐打击挺大。她时常醉酒，夜不归宿，玩儿一夜情，有点自暴自弃。

认识秦少辉之后，常姐变了，她觉得被一个小男人呵护着，享受老牛吃嫩草的滋味特别棒。于是，秦少辉毕业那天向她求婚，她竟然想都没想就答应了。

婚后生活还算美满，蜜月刚回来，常姐就被秦少辉催促着，把工作的事儿给落实了。家里的老房子是常姐出钱重新盖的，公婆对这个比自己儿子大一轮儿的女人虽不待见，却也不好说什么，毕竟拿了人家的手短嘛。

结婚五年，秦少辉不仅早已还清了家里的欠款，手头也存了一笔私房钱。他在公司可谓春风得意，刚三十岁不到，就当上项目总监，老板器重他，客户尊重他，手下的小姑娘也像蜜蜂见到花朵一样黏着他，时不时抛个媚眼，玩玩暧昧什么的。

常姐毕竟已经四十多岁了,女人的青春和精力都是有限的,即便保养得再好,岁月的刻刀照样对你毫不留情。常姐察觉到秦少辉外面有女人,开始后悔当初为气前夫而做的草率决定,嫁一个比自己小那么多的男生,你都老了,他还精力旺盛着,怎么办?更麻烦的是他们没有孩子,缺了这条维系夫妻情感的关键纽带,这第二次婚姻若抓不住,很可能会人财两空。

正当常姐花钱买醉的时候,一个男人坐到她身边。"您是秦总的老婆吧?我有个关于你老公的秘密,要不要听?"

"别跟我提小三的事儿,怕脏了我的耳朵。"常姐有些焦虑。

"我是私家侦探。您不知道吧,秦总让我们调查您是否有外遇。我跟着您快半个月了,看着您时常买醉,都有点于心不忍。他姓秦的在外面养小老婆,还怀疑您出轨,想多分家产,这也太不地道了吧!不然您雇用我反过来搜集他的出轨证据,保证让您满意。"常姐苦笑一下,掏出一叠钱,摆摆手打发他走了。

几周后,秦少辉在总监助理小蜜家住得正美呢,突然接到法院电话,说是老婆以他出轨为由,起诉离婚。看着常姐呈来的照片,秦少辉当场傻了。结婚的时候他一无所有,离婚的时候依然两手空空。不,可能他会有个儿子,在小蜜的肚子里。

从法院出来,秦少辉急匆匆地往小蜜家里跑,门锁着,没人应。掏出钥匙,却怎么也打不开了,手机也关机。秦少辉垂头丧气地回到办公室,总经理摔到他面前一封信,是小蜜写的。信中痛斥秦少辉乱搞男女关系,以职务之便强迫自己就范,如今对工作有了心理阴影,不能再继续上班,现提出辞职,要求公司给予相应补偿。

"她胡说,她造谣。我们是你情我愿的,根本不存在强迫。"秦少辉气急败坏地嚷着。

总经理不慌不忙地把信装回信封。"看来小蜜的检举是真的,你们确实发生过关系。公司规定男女同事不准谈恋爱,你带头违反,情节恶劣,必须开除。收拾东西吧,别等我叫保安。"总经理走到门口,又停住。"别怪我,你太年轻,人总得吃一堑长一智。给你个忠告吧,别得罪女人,尤其是对你太好,为你付出过多的女人,发起狠来也最毒。"

原来,常姐直接去找小蜜,用金钱做诱饵,让她在公司捅出秦少辉的婚外情。小蜜知道常姐不能有孩子,而秦少辉需要儿子。心想,干脆一不做二不休,先假装自己怀孕,骗光秦少辉的私房钱,再让他身败名裂。顺便收一笔酬金,外加补偿。真是赚大了。

你最爱的人,可能也是伤你最深的人。谁也不是傻子,这世界没人愿意不计代价做你起跳的踏板。佛曾曰:人世间最可贵的是你现在所拥有的一切。不懂珍惜,当然要轻点仙指,收回那个充满憧憬的未来。

分手之后,少跟我提做朋友

这世界上除了父亲之外,没有哪个男子应该无偿地爱你、陪你、宽容你一辈子,明白这点之后,你才能更清醒地处理情侣或夫妻之间的关系。有些人,有的话只是说说而已,不能当真,更不可以让那些所谓的承诺混淆了你判断是非对错的标准。代人受过,不是爱,是傻。首先毁了自己,其次犯错的人得不到惩罚,不知悔改,他们可能要犯更多更大的错。你,便成了罪魁祸首!

乔小乔是美术学院的女生,虽算不上画技多精湛,但在大学里也是出类拔萃的人物。大三时,她画的骏马图在国家级画展上获得二等奖,并当场被一个爱画的男人买走,没想到,这次竟改变了她的命运。

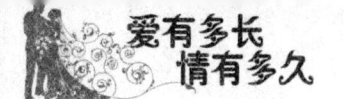

从此，人生扉页上就多了一笔本不该属于乔小乔的墨渍。她也因此更清楚了爱情在法律的天平上到底有多重。

买走画的男人叫杜程鹏，高她三届的学长，是个很不入流的艺术家，她却义无反顾地爱了。乔小乔还没毕业，就跟着杜程鹏从天南到海北地参加画展，眼见他由流浪画家摇身变成拍卖行老板。他霸占了乔小乔的青春，荒废了她的真情，最后因私卖文物被抓。

而乔小乔只是杜程鹏手下最不知情的员工之一。可是因为爱，26岁的痴情姑娘乔小乔替他顶罪，被判入狱十年。杜程鹏满眼含泪地承诺，要等她出来，给她一个美丽的婚礼。还亲手画了两张结婚证书，立誓从此视她为妻子。

在狱中，乔小乔表现良好，减刑三年。七年呀！一个少女最宝贵的妙龄时光，就是一天天看着铁窗，数着日历，在那一点点对爱情的向往中度过的……

而乔小乔出来的时候，杜程鹏早已成为别人的老公，孩子的爸爸。还大言不惭地腆着脸说："我们还可以做朋友。"

"去他妈的朋友！我何时傻到为朋友两肋插刀，朋友插我肋间两刀的地步？你别侮辱了朋友这个字眼儿，谁交到你这样的朋友，真是倒了八辈子血霉。"

乔小乔撕毁了所有与他有关的画，砸碎记载着回忆的每件雕塑，甚至他看过的书，用的东西，统统烧的烧，扔的扔。她要把这个人彻底从头脑里删除。艰苦的地方最能锻炼人，走出牢笼便没有什么再称得上灭顶之灾。

又一个七年过去，乔小乔在几大城市最繁华地段开了画展，她的画早就被印成小册子，再版了几次，仍然卖得非常火。她还有另外一个身份，资深文物鉴定专家。在她的画册中不仅收录着这些年的沧桑经历，还有狱中的一些作品，每一幅画后面都跟着一个故事，疼得可以让心灵滴血的故事。画册的扉页上写着这样一句话：感谢伤害，让我有机会从头儿再来！

一天，有位年轻帅气的警官找到乔小乔，请她帮忙追查近两年非常猖獗的文物走私案。经过分析与鉴定，乔小乔感觉这是杜程鹏的做案手法。于是，利用之前对杜程鹏犯罪套路的了解，跟警方联手端掉了这个犯罪集团，为国家挽回了上亿元的文物损失。

杜程鹏得到应有的惩罚,乔小乔曾经的所谓犯罪纪录也被洗清了。她像一只被彻底释放的小鸟,快乐地呼吸着自由的空气。

无论过去对与错,好与坏,经历过了,就潇洒地翻过去,明天和希望不会在原地等你。淡然是福。原谅别人的无心之过,是一种大度;用法律惩戒罪恶,何尝不是心灵救赎!再见可以做朋友,那是说给曾经真诚无私地爱过的人的,此人要值得你继续以诚相待,要对得起"朋友"这个词儿。

如今,年近四十的乔小乔终于找到属于她自己的位置和迟来的爱情。她付出比别人多得多的努力,跨越了人生的沧海,尽管在曾经的那个小河沟里差一点儿呛死,却终于活过来了,并活出了属于自己的五彩缤纷。真好!

认真爱自己,别白活一回

爱,就应该像雪一样地纯。没有贫富、贵贱、压迫、欺骗,更没有什么圈套与心机。爱,不需要去计较付出和收获之间是否均衡,只要在付出时足够快乐,在收获时感觉满足,这就够了。爱,就是爱,简简单单,平平淡淡,从从容容,却唯独强调一个字"真"。

爱,不是逢场作戏,更不是网络里的卿卿我我、娇娇滴滴。许多人将爱情当作是一场游戏,那么在生命历程里,自然会平添了无数崎岖。别耍酷,玩爱的潇洒,也不要故作深沉,爱要爱得充实,爱要爱得谨慎。在爱情带给我们快

乐和幸福的时候，请勿忘执着和诚信。

爱的时候，一对情侣有缘牵手，希望得到亲友祝福，并见证他们的结合。仅此而已，形式可以简单，也不介意破费，完全根据双方家庭状况，量力而为之。最重要，让新生活快快乐乐开始。

假使没有爱，或爱的不够，婚姻便沦落成一桩需要经营的生意。几页小纸，上面贴了照片，盖着大红的印章，将原本不相干的男女像手机资费般绑定，使女孩合法地变成女人，同时换来妻或夫背后的那个团队中的利益。

你可以说婚姻是爱情的延续或终结，也可以说爱神被都市繁华模糊了视野，喜欢玩阴差阳错，让姻缘经常被利益和权力劫持，其实同床共枕的并非你心中所依……

无论怎么都好，请认真面对爱情，就算辜负了青春，辜负了事业，也别辜负自己。因为那个对的人，与你有利的事儿，不可能一直守着你，你当时未能把握住，便是永远地放弃。

人就这么一辈子，生命何其短暂，"生"与"死"都在瞬间，而我们活的仅是一个过程而已。每天穿梭于熙熙攘攘的人群中，从未考虑过生存、生活、生命的内涵。偶尔或者被迫停下脚步时，才恍然明白，只要在"生"继续的日子里是快乐的，只要走过、爱过，就算错过了，是自己的选择，也值了！

想来想去，总觉中国人活得太累。小时候全得听父母的，从上学到成家，每一步几乎都不用自己操心。先从择校开始，再到找工作、买房子、办喜事，父母像是前世欠子女的债，今生成了我们的保姆和提款机。

成家后，夫妻间要互相照顾暂且不提，离婚也算是例外。过几年，有了孩子，才真正懂了父母当年的辛苦。一切都要围着孩子转，怕他（她）冻着、饿着。为了孩子，早已干腻了的那份工作，还得硬着头皮强撑下去。不是不想跳槽，而是担心自己万一跳到槽外面，这个家怎么办？等孩子长大一些，又要费尽心机为他选个好学校。

谁料，他大学还没毕业，就先把女朋友带回家来，就算你老人家不同意，可他那儿，早就海誓山盟、雷打不动了。照例，要么，您给出钱买房子；要么，您就别认这个儿子，反正人家在外面过得挺滋润。最终，妥协的还是老爸、老妈。把儿子和媳妇请进门不说，一把年纪了，还给他们看孩子。望着孙子、孙女活泼可爱的小脸儿，乐得都合不拢嘴儿了。

哎！这就是中国的老人，我们的前辈！

年轻的时候被父母束缚着；人到中年被子女束缚着；老了、老了，又被儿孙束缚着；等儿孙长大上了学，空空的老窠里还有什么？人生就这么短短的几十年，您何时才是活给自己的呀？！

忙碌的人们，真正为自己活一回吧，特别是在你还年轻的时候！就算有人说你叛逆，骂你自私，其实，他们是在嫉妒你用勇敢换来的幸福。放飞你真实的感觉吧！仁慈的父母们也不希望看到儿女生命中有所遗憾，不要等到冬日飘雪的季节，才清楚：原来，自己钟爱的一直是那道雨后的彩虹。

人生的四季没有轮回！后悔这种病，无药可医，只能预防。

提醒如我爸爸妈妈般的叔叔阿姨们：该吃的吃，该喝的喝，该玩的玩。别等咬不动了，再垂涎山珍海味；别等走不动了，再羡慕名山大川；别等躺在病床上，呼吸困难时，才意识到这辈子留下太多遗憾。

劝诫咱们的同龄人：趁爹妈还在，多尽点孝心；趁自己还在，要学会享受生活。钱是挣不完的，但花钱很容易，尤其在你住院的时候。人在天堂钱在银行的事儿，不少人已经亲自验证过了，尝试的路上没必要再多添个你我他。孩子的教育是家长最大、最有价值的投资，但在这项投资里，最忌讳的是钱，最欢迎的是爱与耐心。

送给我们的下一代：无论你是90后，还是00后，孩子，对长辈好一点儿，在学习和工作上对自己狠一点儿。别做家里的小霸王，唯我独尊或许在你无知时感觉很风光，待长大了、成熟了，你会发现，这样的你在社会上碰壁受挫的概率比谦和的同伴们多出无数倍。

经典语录：

◆ 这世界上除了父亲之外，没有哪个男子应该无偿地爱你、陪你、宽容你一辈子，明白这点之后，你才能更清醒地处理情侣或夫妻之间的关系。

◆ 无论爱情与婚姻，都需要磨合。有人擦出火花；有人磕掉棱角；也有人彼此擦伤、磕破、烧焦；只要其中一个放手，他们之前的苦就全白受了。

◆ 有的女人被很多男人宠，而每个却都是一阵子；有的女人只被两个男人宠了一生，你更愿意成为哪一种？看重怎么样的活法，就注定拥有怎样的幸福。

◆ 战争和苦难是打不垮真爱的，相反，安逸却是婚姻最可怕的终结者。

◆ 如果你无法心甘情愿陪他（她）过眼下艰辛的日子，那凭什么指望他（她）飞黄腾达后还对你不离不弃。

◆ 想毁掉一个人很简单，只要在他努力了许久都没站稳之时，轻轻一推，便一切都结束了。而要扶起某人，却可能花上无数的时间、金钱，及人力物力。

你的未来我全承包了

为爱情做出莫大牺牲的人,想得到的幸福往往比现实多,得不到自然失落,本该有滋有味的正常生活也因此严重受累了。

笨熊翻跃围墙，不离不弃不易

那一年，他们高中毕业，18岁的少男少女情窦初开，却都面临同样的命运——没考上大学。爹说，家里就两个女娃娃，总得有个出息的，让小蝶去复读，她没吭声儿。独自想着，如果阿军也复读，他们就一起。

秋风萧瑟的季节，阿军当兵了，小蝶瞒着父母，悄悄跑到800里外阿军当兵的城市打工。洗盘子洗碗，打扫卫生，工作虽然清苦，两人却能个把月见上一面，看场电影，逛逛公园或夜市，那些思乡之苦，工作的累或部队里所有的酸甜苦辣，都被片刻的欢声笑语刷洗干净。他们互相鼓励，彼此安慰，享受着异乡难得的幸福。

四年之后，阿军因为在部队表现突出，还立过二等功，被保送去读军校。又是七八百里的距离，再次将这对热恋的情侣隔开。当时，小蝶正在一家不错的公司当文员，干了不到半年，而且很喜欢这份工作，可为了跟阿军在一起，她还是决定辞职。

辞职信递出的前一天晚上，阿军打来电话："我听政委说，上军校之前先带着我们去山区的地方部队拉练几个月，别说探访，到时我在哪里自己都可能不知道。你就先别跟着过来了。我看你现在的工作挺好的，不累，薪水也不少，暂且干着，说不定我读完两年，毕业时还分回原部队呢！"

就这样，小蝶留下等他。休息日，小蝶买了火车票，天不亮就往阿军的学校赶。转几次公交车到达的时候，常常都是中午了。阿军也就只能请两个小时

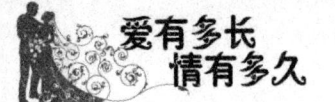

假，陪小蝶吃顿饭，第二天把她送上火车。相聚短，离别难，小蝶回去路上不知哭湿了几条手帕。

军校旁边有一家比较简陋的三层楼招待所，小蝶每次去，那里都住满了来自不同城市的房客，绝大多数是女性。她非常好奇，别的地方也有招待所，条件好又便宜，大家为什么非要在这儿挤着。原来，这家招待所的后院儿和军校仅一墙之隔，当兵的只需要跳过围墙，就能从后门进入招待所与心上的姑娘会面，不用担心偷跑出来被领导撞到。

发现这一秘密之后，阿军高兴了好几天。可是，面对两米多高的围墙，身材偏胖，却只够征兵最低身高标准的阿军犯难了。他爬不上去呀！

为了约会，阿军开始玩命练习翻越障碍，不惜加操来提高自己的体能。终于，几个月后，他成功啦。十几米助跑，加速，他像猫一般冲上后墙，但由于用力过猛，没抱住墙头，却又像熊一般掉到了墙的那边，摔了个四脚朝天。全班的战友都在笑他，而他们也同阿军一样，都在后来的后来，学会了翻跃围墙。当然，墙那边也有了属于他们各自的等待。

铁打的营盘流水的兵，一茬儿新人换旧人。阿军和战友们毕业了，有的回原部队，有的当了教官留在军校，也有的就近分配。

毕业十年的大日子，以前的同班战友全部受约带着夫人列席。酒足饭饱后，家属都回招待所休息了，前教官把阿军几个拉到操场上聊天。笑着用下巴一点阿军："还是原来翻墙时候那个吗？"

"什么？"

"媳妇呀！别以为我不知道，你们翻墙出去做的那些坏事。当时，我不过睁一只眼闭一只眼罢了，谁没年轻过。他们几个可都换了。我看你小子现在这个，比以前那小丫头漂亮，但又有几分相似。说吧，怎么回事儿？"

"她过去那是营养不良。现在又白又嫩又水灵，说明咱养得好啊，舍得在媳妇身上投资。"阿军的话音未落，几个战友已经笑得人仰马翻地躺倒在草地上。

战友老林很没口德地说："我看你们两口子呀，就是王八看绿豆，怎么看都对眼儿。"两个人笑着在草地上扭打起来。

老林跟阿军同一个部队，却不在一个营。老林的老婆比他小五岁，人长得挺漂亮，又有体面的工作，可他仍不知足。他常开玩笑说："这媳妇啊，还真不能娶早了，不然后面有更好的也没你的位子，入不了场了。"

阿军就笑骂他是部队的毒瘤，衣冠禽兽，妇女杀手什么的。结果老林转业了，听说是为一个女人，转业后不到一年，老林再婚，娶了现在的妻子，小他13岁的女大学生。

老林满面春风地带着妻子到旧部队请客，宴席上，阿军和几个战友喝得有点高了，谈起老林之前的风流史，让新娘子听得一愣一愣的。"那时候呀，老林可能忽悠小姑娘了。军校旁边的招待所，时常有操着各种乡音的女孩来找老林，后来我们才知道，他的情书是寄向全国各地的，只要听收音机说交友的是个姑娘，年方18，那就是他的目标……"

新娘子的脸色越来越难看，最后负气离去。老林当场就拍了桌子，指着一帮酒鬼破口大骂："你们这群孙子，太不仗义了。"

曾经一起翻墙的日子，他们是生死战友，是患难与共的兄弟。可是转业了，那些过往却成为不能触碰的雷区，是新婚禁忌。阿军为之翻过去的女人最终成了妻子，所以收获的是祝福。而老林呢，却在换了几茬新人之后，总算稳住他的幸福。这玩笑开大了，幸福跑了，谁又能追得上！

多少人在你生命中来了又回，牵手的，终究只能有一个。就像小孩子拿着十元钱去买玩具，每个都漂亮，每个都喜欢，价钱一样，十元却只能买回一种，可惜呀！拿不定主意。哎！闭着眼睛，随便选一种得了。选完拿回家，玩了没多久就后悔了，还不如要那个或那个，至少功能多一些，个头大一些。早知这样，为何当初不先退出玩具店，想清楚，自己需要漂亮的？功能多的？还是其他什么？有了目标，选择起来才不会被动。

小孩子买玩具可以后悔，我们的婚姻却来不及说后悔。人只有一辈子，你想结几次婚？能保证下一次肯定比这次好吗？想清楚了，答案已在你心中。

信息时代，外面的生活五花八门，色彩缤纷，我们又太年轻，要做到专

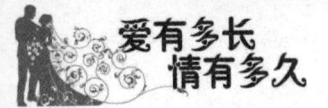

一，不离不弃实在不容易。然而，一个对孩儿他娘都不讲情份的男人，你能指望他对朋友百分百忠诚吗？

爱你用尽全力，我却并非唯一

他说会爱她一生一世，他做到了，她却变心了。可惜，他的一生一世太短，为救她，命都舍了，她来不及回心转意，他们已经阴阳两隔。

在大学里，丁叮是班上最耀眼的女孩，而宋毅然只是众多追求者之一。四年同窗，对丁叮好的男孩子一大把，没有谁成了她的男朋友。直到毕业前夕，大家都忙着分手，然后各奔前程。只有宋毅然不同，他选择了用最特别的方式向丁叮求爱。

那年夏天，雨水充沛，学校一侧马路中央有个大花坛，月季花开得格外娇艳。可是，一夜之间，满坛的姹紫嫣红变成了绿色的光秃枝干，1314朵月季花被铺到丁叮宿舍楼的窗下，那阵势，羡煞无数追求浪漫的少男少女。第二天，环卫处就找到学校，痛陈学生破坏绿化，糟蹋环境，还勒令校长找出领头的学生，不然要对学校进行罚款。

捣毁花草的罪魁祸首太容易找了，看看宋毅然的手就知道，每个指头都被扎得像顶针儿似的，全是小孔儿。半个多月后仍肿得拿不住笔，考试的时候，白着急，干瞪眼，因为题量大，开卷考试，就是抄不完那道问答题的答案，结果还挂科了，需要补考。

幸好宋毅然的表白感动了丁叮，同意当他的女朋友。这下可把宋毅然激动坏了，恨不能在学校大喇叭里喊一遍。

事情总有其两面性，宋毅然因为补考，当时领不到毕业证，可能要比别人晚一两个月。父母托人情使关系，好不容易为他找了份国企的工作，这么一拖延，也不知道会不会黄了。父亲血栓之后，宋家已经脱离往日的富余，为了给儿子谋得这个职位，老两口儿着实花了不少心思。万一最后不成，真是鸡飞蛋打。

宋毅然心想："这事儿好办，我女朋友也发愁找不到工作呢！干脆把这个机会给她，回头我再找，不就得了。"

于是，他想都没想，就去了父亲的老战友家，跟那位叔叔的儿子穆哥商量，把自己的面试名额让给丁叮。穆哥淡淡一笑："小宋，你可要想好了，这样千载难逢的机会不是人人都能碰上，轻而易举地让给一个未必能当你老婆的女人，将来你可别后悔！"

宋毅然只是憨笑着挠挠头："穆哥，谢谢您，回头我请您吃饭。"

"不用，只要你推荐的这位能当好我的助理，别给公司添乱，其他的无所谓。"

丁叮参加工作那天，宋毅然拿到了毕业证书。父母苦着一张脸，他却在那里傻乐。放心吧，我承诺爱丁叮一生一世，相信她也一定不会辜负我的。

三年换了三份工作，宋毅然不是觉得薪水低，就是嫌对方不给上保险。老板不屑地瞥他一眼："想上劳动保险可以呀，进大单位，国企、外企，随你挑，只要你有本事。上什么险，拿多少钱，你说了算。别在这儿给老子充大爷，咱不妨碍您另谋高就。"

宋毅然失业了，丁叮却升职了。这天，穆哥破天荒地主动联系宋毅然，告诉他："我的助理目前又有空缺，还是我最终拍板定人，你要不要来试试。"

宋毅然喜出望外地当上穆哥的助理，过了好久，他才知道，自己这个位置，是顶着一点绿得来的。丁叮早就变心了，她跟穆哥搞到一起，为避嫌，丁叮调任其他部门去做主管。穆哥对宋毅然有些歉疚，便为他留了助理的职位。

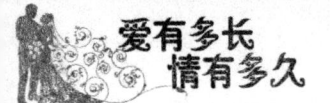

在学校时，宋毅然就是备胎；工作了，全心全意待丁叮，没想到，还他妈备着，结果备来个绿帽子，直接三振出局。真够损的！宋毅然悲催地想：我前生是不是干乐器行的呀？专卖贝斯（背死）！

往日称兄道弟，私交不错的两个人，突然成了对头。宋毅然连做梦都想找穆哥出来，跟他打一架。可是，他要筹备婚礼，请假了。

丁叮结婚那天，宋毅然还是去了，没哭没闹，也没砸场子，安安静静地坐在角落里喝酒。待婚礼结束，一群人簇拥着新郎新娘远去，宋毅然哭了。丁叮似一朵牡丹灿烂地绽放，而他并非赏花人，仅仅充当了花圃工人的角色，护花、施肥、除草而已。

酒店门前一片慌乱，听说婚车刚到十字路口，就被一辆大货车拦腰撞飞十几米，倒扣在地上，新郎新娘生死未卜。

宋毅然急步跑向十字路口，婚车一直在漏油，随时可能爆炸，没人敢上前。他急步冲过去，用脚揣掉车门上的碎玻璃，使劲儿想把丁叮拖出窗外，她的腿被变形的门和座椅卡住，怎么也动不了。宋毅然只能去新郎一侧看看能不能出来，此时穆哥已经苏醒了，他借宋毅然的拉扯之力钻出婚车，看一眼滴油的汽车，大叫："火，起火啦，快跑。"

穆哥撇下呼救的新娘，跌跌撞撞地向安全处逃命。宋毅然探进半个身子去救新娘丁叮的时候，车子局部已经燃起小火苗，宋毅然的手脚也多处受伤，他忍着痛，努力地，一点一点地刚将丁叮拽出来，婚车突然就爆炸了。宋毅然毫不犹豫地趴在了丁叮身上，舍了自己的小命，成全了情敌一家。

有人说宋毅然太傻，这种极品男人生活中是绝无仅有的。为了一个背叛自己的女人豁出命去，实在不值。每个人对爱情的衡量标准是不一样的，你的不值，或许只因爱的不够深。

丁叮腿伤好了之后便跟穆哥办了离婚手续，她的理由很简单，对于在生死关头只想到自己逃命的男人，不敢托付终身。但是，那个无怨无悔为她付出的结果又怎么样呢？还不是没被珍惜，生死两隔地错过了。

几年来，丁叮没有再嫁，甚至没交过男朋友。每逢周末，她会去宋毅然的

父母家，帮忙做顿饭，收拾一下家务。她说，那不是请求原谅，而是尽孝，替宋毅然尽孝。

围城多寂寞，有谁来安慰我

　　爱情能翻过围墙，却翻不过寂寞和等待；为你或许豁得出性命，却未必经得起诱惑。孤独是不可以用时间来计算的，因为孤独让人度日如年。一个人寂寞，两个人孤独，三个人辛苦。结婚，绝对不是摆脱孤独的最好方法。

　　他们分手了，于那个清秋，冰凉如水的夜，没有吵闹，没有眼泪，也没有挽留。他只是轻轻地说了句："我们分手吧！"田雨默默地点头。就像当初，刘世轩追她的时候说："做我女朋友吧！"一样地。田雨是个不爱做声的女孩子，一味顺从着刘世轩，只要他高兴。她愿意尊重刘世轩的所有选择，无论对错，总是以微笑表示同意或者包容。她就是这样羞涩的女孩，但魔力般地喜欢着张扬而霸气的刘世轩。

　　也许是因为过去田雨太迁就刘世轩的原故，在他们分开之后，刘世轩又交了几个女朋友，都是由于性格不合而分道扬镳。田雨大学毕业了，她来到另外一个城市，在那里她有了自己的事业和新的爱情。那个叫磊的男孩子，是在被田雨拒绝了近十次以后，才终于可以堂而皇之地以男友身份约她吃饭。

　　磊，是田雨所在公司的一个大客户，年纪轻轻就从国外学成归来，并开创了自己的集团公司。第一次见到磊时，田雨为之一怔，他简直就像童话里走出来的王子一样。刚毅挺拔的外表，充满青春活力的眼神，以及不凡的谈

吐，都足以使他成为新新人类中"四有新人"的典范，当然也是很多女孩子心中的偶像。

提到偶像，田雨又一次想到刘世轩，她也又一次心痛。刘世轩在田雨心里永远有个小小的位置，无论多少年，也无论经过多少事，都没有人可以代替。即使遇到再出色的男孩儿，田雨仍然默默地、固执地爱着刘世轩。

然而，分别五年，刘世轩在歌坛的名气越来越大，他们彼此早已逐渐疏远，没了联系，田雨的那份爱也变得越来越模糊。以至于，她最终决定接受磊。忘记刘世轩，尽管是项艰巨的工程，但却刻不容缓。因为，在单亲家庭长大的田雨明白，很多东西，失去了便不会再重来，要及时抓住手边的幸福。

结婚后，磊每天非常体贴地接送田雨上下班，特别爱惜地帮田雨做早点，准备晚餐。他们时常吃着酥油饼，欣赏乡村音乐。偶尔，一起远足踏青，追赶夕阳。日子过得幸福而快乐，爱的点滴，就是生活的点滴。笑声时不时地弥漫在春天的阳光里。

可好景不长，经济危机波及磊的公司，听说他生意受挫，赔了不少钱。磊再没有时间陪伴妻子，享受生活了。新婚才一年多，原本活色生香的日子突然就冷清下来，让田雨非常不习惯。她曾经试着再去找工作，或者干脆要个孩子。但磊每天忙忙碌碌，回到家就好像丢了魂似的累死鬼模样，让田雨感到心疼，就不好意思对他要求什么了。只能自己忍着寂寞，用一些不太浪费钱的方式打发单调的生活。

正当田雨无聊得不知如何是好的时候，城市传来了刘世轩要来这里开演唱会的消息。田雨久已平静的心湖，再次泛起了涟漪。她曾经一次次设想过，见到刘世轩会在什么样的场景之下，该做何等反应。却万万没想到，重逢竟是在她最脆弱的时候。她始终理不出个头绪来，见与不见就在一念之间，深知她好恶的老公磊却在此时送来了演唱会的门票。

原本的纠结忽然就荡然无存了，老公仍旧在意她，并相信她，还有什么好担心的呢！田雨心里坦然了许多，她对自己说，有了磊，便不可能再回到单恋刘世轩的世界。

那晚，田雨上网拍卖掉那张最前排的演唱会门票，用得到的一千多块钱为磊买了条漂亮的格子领带和几只色彩斑斓的小金鱼。田雨觉悟到：老公不在家时，自己也可以看看鱼、种种花、听听音乐、上上网，快乐要自个儿去寻找，不能绑在别人身上呀！

被离婚，半老徐娘成为亲人

周六中午，娟子接到好友徐虹的电话："美女，吃完饭一起逛街吧。"

"还美女呢，都快成美女她妈了……"两人嬉笑着，约好时间地点。

娟子的老公与徐虹的前任老公是生意伙伴，以前，两家人经常聚餐，久而久之，徐虹和娟子也成了好朋友。只是小三潘朵露的出现，让她们之间多了些微妙的变化。

两年前，徐虹发现老公牛函有外遇，跟他大吵大闹，恨不得让全世界都知道老公不忠。在这个尽心尽力为家庭和事业拼命付出的女人眼中，老公能有今时今日的成就，与她的放弃和成全密不可分。如果他做了对不起她的事，那简单直就是罪大恶极，该下油锅，浸猪笼。

徐虹像个怨妇一样，在周围的朋友圈子里四处数落牛函的罪状。大家对徐虹很同情，自然对牛函的花心就多了一份反感。只不过，彼此都有生意来往，面子上的事儿还是要顾及的。

牛函觉得，反正事情已经到了众人皆知的地步，索性就离了婚，把名下一栋房产、存款和公司股份折合五十多万的现金，给了徐虹。他自己留下公司。

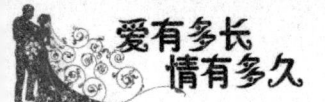

被离婚一年多，徐虹始终状态不佳。牛函却是春风得意马蹄疾，迅速将公司发展壮大。他很快又买了新房，半年前，还跟那个狐狸精潘朵露组建了新家。徐虹这个气呀，真不打一处来。"凭什么她半路截和？凭什么我种树，她摘桃？小三儿成为女主人，我这个原配却被扫地出门，没工作，没钱，没人养！这还有天理吗？……"

娟子发现，平时跟徐虹聊些服装呀，八卦之类的，倒没什么。只要话题不小心转到金钱或女人，漂亮年轻奢侈品等字眼儿上面，她就会变得情绪激动，甚至哭诉抱怨，声泪俱下地提及自己当年离婚的事，多么多么地不甘心。

今天，就是因为一条价值8800元的钻石手链，再次勾起徐虹的祥林嫂情结。"要不是潘朵露那个狐狸精，我怎么会沦落到这个地步，连条像样的手链都没有。白跟牛函混了六七年，省吃俭用地替他过日子，什么好东西都舍不得给自己买，结果把最美的时光全浪费了……"

徐虹的哭诉让娟子突然莫名地心烦起来，想想这一年多，徐虹见谁都哭诉，倒苦水，骂潘朵露。除了怨天尤人，就是逛街购物，生活里没半点积极的影子。以前那个事业心强，为拉升公司业绩，陪着老公没日没夜工作的贤内助彻底消失。哎！弃妇何必诏告天下！

作为闺密的娟子，最初也是真心替徐虹愤恨不平。朋友圈里也都同情徐虹，憎恨潘朵露，但毕竟已成事实，板上钉钉的现状不可改变。过了那么久，潘朵露早已转正，还怀上了牛函的孩子，他们的生活逐渐走上正规。徐虹却仍没有任何改变，依旧活在过去的阴影中，这多少让人有些纠结。

而与之相反的，潘朵露没事业天赋，却颇懂以退为进的手段，很会经营人际关系。上到牛函的客户和朋友，下到公司员工，什么生日呀，节日啦，全都打点得妥妥当当。因为她知道，自己只有年轻和美貌，除了男人，其他都不会经营。而且从一开始她就处于不利地位，牛函身边的人都排斥她，认为她是拆迁办的，毁了一个原本幸福的家。她倒也无所谓，大大方方面对别人背地里的指桑骂槐，就一味充耳不闻，扮出一副乖巧贴心的样子，让讲闲话的人都觉得不好意思了。

这小妮子不爱碎碎念，更不会因为牛函身边人的敌对，就把气出在老公身上。相反，她千方百计地把自己打扮得惊艳，哄老公开心的同时，不忘帮他挣足面子。潘朵露特会拉拢人心，她时不时地主动牵头儿，在家里办派对，邀请牛函新朋老友过来聚聚。谁爱吃什么菜，她都提前做好功课，不仅招呼周到，还表现得有礼貌，识大体。一些不知道潘朵露过去的朋友，当众夸她，出得厅堂入得厨房，牛函听了，心里美滋滋的。

有一次，徐虹逛街路过娟子家楼下，就上去坐一会儿，顺便借个厕所。正巧，娟子的老公回来拿东西，得知徐虹在洗手间，很警惕地对老婆说："虽然潘朵露不是个斤斤计较的人，但现在她们这种关系，你和徐虹还是保持一定的距离比较好。更何况，你也知道她就是一位祥林嫂，发起疯来还指不定能做出什么事儿……"

徐虹伸出洗手间的脚又缩了回来。原来，在朋友们眼中，她的形象已经如此不堪！何时起，她堂堂一位事业型女强人，沦落成只会一哭、二闹、三上吊的泼妇。情何以堪！

看着周围靓丽的女人，背后未必都有个赚钱的老公。徐虹突然明白了，女人年轻美丽就是资本。三十几岁，更应该抓住青春最后的小尾巴，否则，自己的人生岂不是白活了？

徐虹咬牙买下那条8800元的钻石手链，还特意添置了几件时尚新装，摇身变成精干的白领丽人。在同学陈亮的帮助下，徐虹破釜沉舟，抵押掉房产，成功注资陈亮所在的原料生产企业，以股东兼供货商的身份再次出现在原先的旧友圈子里，这引起不小的哗然。

"徐虹变漂亮了，比以前更会做生意。牛函这下子走眼啦。"哥儿几个边喝酒，边拿牛函开涮。如今的潘朵露可是大腹便便，行动不便，昔日的美丽早已不在。

离婚两年来，首次见到前妻，牛函眼中放射着初恋时候的光芒。他紧握着前妻的手，舍不得放开，说话有些语无伦次。徐虹轻笑着，突然就觉得这男人很贱，永远不知道珍惜身边人，仿佛只有抓不住的，才是最好的。此刻的徐虹

并没有得意，反而替曾经的自己与现在的潘朵露不值起来。

几笔大生意谈完，徐虹约大家到以前常去的酒吧玩，他们都喝得有点高。台上有个女孩在跳钢管舞，台下欢呼一片，徐虹觉得过瘾，自己也跑上台去，跟年轻人一起疯。32岁的女人舞动长发细腰同样美丽动人。她火辣的紧身裤，大胆的动作，让观众席上嘘声不断。以前那个沉默内敛的徐虹早已不见，内心的奔放像火山般爆发，让牛函在内的所有人大跌眼镜。

在酒店客房里，牛函的吻稀疏地落到徐虹的脸上，脖颈上，未老"徐娘"的美丽与妖娆再次让他迷醉，让他不惜去吃回头草。"小虹，我们和好吧。"

也许窗外的风吹醒了徐虹的酒劲儿，她狠狠地给了牛函一个大嘴巴。"我们现在的关系，只适合做亲人，而不是情人。难道你想让潘朵露成为祥林嫂第二，再去步我的后尘吗？"

"她辛苦地怀着你的孩子，你却在外面胡闹，对得起她吗？"徐虹的话让牛函愣了半天，他不敢相信这是从恨不能把小三打入十八层地狱的原配口中说出来的。

此刻的徐虹，心中也是五味杂陈。"幸亏离了。用下半身思考的男人，不过如此，情商太低，不适合自己。"她推门出去，丢下一脸木然的牛函，将自己投入未知的夜色中。

半年后，欧洲经济危机，出口的产品有的撤单，有的被反倾销或退货，牛函生意上损失惨重。为保住公司，他四处筹钱遇挫，就想抵押别墅，典当了宝马车。

此刻的潘朵露突然变得不淡定起来，她死活不让牛函动房子，甚至提出离婚，把财产划到她和孩子名下。"公司破产了，等将来有机会，还可以东山再起。如果把家业全卖掉，你拿什么养活我和女儿？"

牛函急了。"保住公司就是保住咱们全家的未来，国外生意虽然失利，至少我们还有国内市场。只要给我些资金周转，不出半年，肯定能渡过难关。"

两口子正撕扯不下，徐虹打来电话，她要入股牛函的公司。别人都争着退出之际，徐虹竟带着200万原料和80万现金，跳进这火盆里。财务总监陈亮非常不解。"现在咱们做原材料是最好赚的,你把钱放在牛函那里,随时会打水漂……"徐虹温柔一笑,表示感谢。"曾经,我们是最亲的人。"

牛函不仅保住了公司,由于跟徐虹联手,拥有最低成本的原料,还达成双赢。只不过,听说潘朵露为了他们合作的事儿,带着孩子离家出走,跟牛函使小性子呢。徐虹莞尔一笑,没有留下来陪大家庆祝,独自离开了。

回家路上,她打电话给娟子:"出来逛街吧,我请你吃西餐。"

娟子有点尴尬地回答:"改天,改天行吗?"

这次,徐虹并未因娟子的推托而不高兴,而是很爽快地说"好"。她知道,潘朵露暂住娟子家,正在跟她诉苦。于是笑了,想起曾经的自己,那位祥林嫂早就被大家唾弃了,因为她和牛函有太多共同的朋友,又因为自己的怨声载道,让朋友们不堪重负,都渐渐在疏远她。而今的潘朵露,又何必……

幸好现在重新站起来,也看清了身边的人。"自己跌倒一次就足够了,不要一直赖在地上不爬起来,等着大家可怜你,去指责那个将你弄倒在地的人,最后所有人只会看不起你。"

徐虹用大度迎来爱情,陈亮正式向她求婚,两人举办了一场隆重的宴会。娟子在席间开她玩笑:"你不怕陈亮变心?不再恐惧婚姻了?"徐虹假装严肃地说:"不怕,无论再出现几个潘朵露我都不怕。我已经完全好了,女人只有自信才美丽,才能得到更多尊重与肯定。"

是呀!当初徐虹就是由于不自信,才输掉了老公。如今,她可以坦然地打趣儿说:"旧的不去,新的不来。是小三激发了我的魅力,让我知道,吃自己买的面包更香。做快乐时尚,还有点小自私的女人,找个更适合我的男人,很4V (sweet)!"

时间告诉我们,昨天和皱纹都不能回头,那么,努力把今天留住!要认真走好以后每一步,要对得起每一条皱纹。

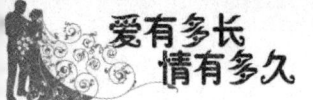

痛失我爱，竟也没啥了不起

莫思齐，一个平凡的知性女子，用她博大的母爱，过人的意志与智慧，在陌生异域，不仅找回了自己的儿子，还演绎了一场失而复得的爱情。她用自己的亲身经历告诉弱势姐妹们：因为有爱，奇迹无处不在。

毕业于深圳大学经贸系的莫思齐，凭借娇艳的外表和一口流利的英语，很快在一家外企公司找到工作，并如鱼得水般地收获了一份异国恋情。

一年之后，莫思齐怀孕了。她殷切期盼孩子降临，便催促男友斯迪文·约翰逊快点结婚。可是这个英国男人犹豫再三，却也终于在广州某四星酒店象征性地设了一场欧式酒会，就算完婚了。从婚礼的草率来看，这段跨国婚姻祸福难料。他们连英国确认的结婚证书都是后期补的，斯迪文一手揽下来，都没有让莫思齐出面，找人代签了名字就直接邮回来。

爱情是甜美的，婚姻却是让人疲惫的。起初，莫思齐还觉得拥有英国贵族血统的丈夫很绅士，豁达且有风度。久而久之，因为生活上和习惯上的差异，莫思齐和斯迪文开始拌嘴，甚至有时会吵得面红耳赤。

有一次，莫思齐做打卤面，只放了黄瓜和青菜，没有按照斯迪文要求去炸番茄酱，一来那样做比较麻烦，二来，莫思齐从小不吃番茄。就这么点小事儿，两人竟吵到半夜，真有些不值。在斯迪文看来，女人只要照顾好男人的一日三餐，生一群孩子承欢膝下，才算尽到了本分。婚后，他不让莫思齐再去工作，声称××公司驻中国执行总监的太太还出外打工会叫人笑话。

但俗不可耐的柴米油盐，怎么能捆得住职业女性的心呢。圣诞节前夕，利用斯迪文回国探亲的一个月，莫思齐和姐姐筹划很久的小店终于开张了。不巧的是，春节刚过，莫思齐就发现自己怀孕了。这个小生命突然造访，带给莫思齐的不知是喜是忧，至少，斯迪文很高兴，34岁的他还是第一次做爸爸。

从孕期到儿子满周岁这段时间，事无大小，斯迪文全都听任于莫思齐。可是，随着儿子的成长，他们之间的矛盾也在不断加剧，斯迪文摔门而去的次数越来越多，这场即将走向没落的跨国婚姻让莫思齐心痛万分，每一次争吵都成了不容忍受的劣质音符，莫思齐最终提出了分手。

对于莫思齐要求离婚的事，斯迪文一直保持沉默，他和莫思齐分房而眠，像是在等待什么，又像是想挽回什么。斯迪文很爱他的儿子卡尔，经常利用业余时间陪孩子出去玩儿，三周多的小家伙居然懂得了很多东西。

直到那个星期六，斯迪文父子两个到广州的帽峰山，实地野外观察动植物，本来说好当天回来的，结果一直到深夜仍不见人影，莫思齐只收到一条短信：今晚在外面睡。拨电话过去时，斯迪文的手机就已经关机了。第二天下午六点多钟，丈夫风尘仆仆地回到家，却始终见不到儿子，莫思齐心急如焚。听斯迪文说卡尔是在下山的时候和他走散的，莫思齐几乎动用了所有自己认识的人，在帽峰山附近找了一天一夜，没有任何消息。无奈之下，莫思齐向当地公安机关报了案。

隔天，莫思齐打电话到广州市公安局，询问找孩子的情况时，被告知："您的丈夫，斯迪文先生两小时前来电话，说孩子找到了，还要求我们销案呢！"

听着警察的话，莫思齐感到郁闷，莫思齐刚刚问过斯迪文，他说没有孩子的消息呀！难道，是斯迪文把孩子藏起来了？但是，为什么呢？只因为莫思齐说要离婚，他唯恐失去作为父亲的监护权，就把他们的儿子带走吗？带着一系列问题，莫思齐开始搜罗所有可能的线索。如果是斯迪文干的，孩子又会被他寄养在谁家呢？莫思齐把自己能想到的与斯迪文有联系的人的电话都打了一遍，毫无收获。

一个可怕的念头在莫思齐脑中产生了，英国伦敦，斯迪文会不会利用周六、周日两天时间将孩子带回他的故乡呢？莫思齐翻遍家里的抽屉，卡尔的护照果真不见了，到出入境去查，的确有斯迪文和卡尔去伦敦的纪录。怪不得自卡尔失踪之后，斯迪文也很少再回家，还向公司辞了职。

作为一个母亲，在遗失爱子之后，莫思齐的生活完全被打乱了。就算想尽一切办法，不惜任何代价，莫思齐也要把卡尔找到。顾不上多想，莫思齐用最短的时间，登上了飞往伦敦的班机。

在伦敦西部，一个叫米豪利镇的地方，就像中国的小城市一样，但是相对发达一些。莫思齐按响了斯迪文父母家的门铃，一位系着围裙的中年妇女走出来，莫思齐向她讲明情况，那女人很无奈地说："先生和太太昨天去了巴黎，可能要住一个月，圣诞节前回来。不然，您先回国，等他们到家后，我给您打电话。"

莫思齐不远万里来找孩子，却连卡尔的面儿都没见到，甚至不知道他是不是和爷爷奶奶在一起。此行真的能带儿子回去吗？莫思齐那颗恋子之心揪得更紧了。

莫思齐决定在小镇上住下来，只要能寻找到一丝线索，她一刻也不想耽误。莫思齐印了许多张带有卡尔照片的传单，在大街小巷四处分发，只要孩子在这里出现过，相信一定能有人认出他。

果然，几天后，在离斯迪文父母住处一站地之隔的超市，一个收银台的小姑娘告诉莫思齐见过卡尔，他有东方人美丽的黑眼睛，脖子上还挂着一个玉制的小环。看来孩子的确和爷爷奶奶在一起，于今之计，要想夺回孩子，就得先知道斯迪文父母的下落。

斯迪文拒接莫思齐的电话，说明他已经知道莫思齐来伦敦了，孤独无助的莫思齐想到了法律这个武器，但是，当她把准备好的所有材料呈现在律师面前时，得到的答案却是令人失望的。

米豪利镇当地政府规定，与外国公民结婚都要得到本镇所在英国教会的公证，还要申请"L"签证。而他们的婚姻只是出示了跨国公司给予的证明材料，结婚手续办完还应该在英国注册一下的。但他没有这样做，所以他们的婚姻在英国无效，莫思齐一下子成了未婚妈妈，莫思齐的合法权力自然也不能得到保障了。除非让斯迪文回国，将结婚时的手续补办齐全，莫思齐才能和他在英国办理离婚，并有资格争获孩子的抚养权。或者，让中国政府涉外部门出面，那样的话，步骤更复杂，时间会长得多。

莫思齐茫然了，她的心情如伦敦的雾气一样凝重，静静地站在泰晤士河边，有种要跳下去的冲动。但她不能，她要坚强乐观地面对人生，不能丢中国人的脸。莫思齐还是个母亲，一个不称职的母亲，一个为亲情奋不顾身的母亲，一个不知道孩子现在何处的伤心母亲。如果这次不能将卡尔带回中国，莫思齐将一辈子都不会原谅自己的。

从确认孩子跟爷爷奶奶在一起开始，莫思齐每天晚上至少给斯迪文发一条短信，回忆他们过去在一起时的美好时光，讲述三口之家曾经的幸福……

每个白天莫思齐都去小镇的教堂，做五六个小时的义工，休息时就把自己的故事讲给神父和其他人听。其余的时间，莫思齐穿梭于超市和一些公共场所，去参加许多公益活动，小镇上的人渐渐对莫思齐这个中国女性产生了好感，都说莫思齐是个伟大的妈妈。

一天，莫思齐走到超市的服装专场，销售员一眼就看到了莫思齐，热情地过去打招呼："小姐，您是不是还在找儿子，有消息了吗？我能帮您什么忙吗？"

莫思齐报以感激的微笑："是的。我来不是想请您帮忙的，我现在正在等消息，比较有空，我是来这里看看，有没有什么我可以帮得上您的。"

在莫思齐不懈地努力下，斯迪文终于回短信了，他说圣诞节要回英国，约好伦敦机场见。莫思齐长长地出了口气，还好这么久的等待没有白费。12月24日，莫思齐从9点等到12点始终不见斯迪文的影子，在服务台查询时，发现斯迪文乘坐的飞机是昨天的航班。

如果斯迪文有意躲着自己，就算追到家里也没用的。莫思齐再次来到教堂，她想化悲愤为劳动。入夜之后，沉默了半个月的手机突然响了起来，斯迪

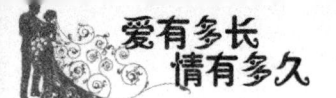

文约莫思齐一起吃晚饭。

平安夜的钟声敲响,斯迪文起身请莫思齐跳舞,他的眼神里依旧是激情荡漾,看得出他还是爱莫思齐的,可是,莫思齐,却因他的爱而心痛了。曲毕,一个小男孩儿穿着燕尾服伴随着音乐的节拍走出来,一手握着烛台,一手拿着玫瑰,笑盈盈地向莫思齐叫"妈妈"。

望着久别重逢的儿子,自认为坚强的莫思齐再也忍不住了,紧紧地抱住卡尔哭了起来。斯迪文捧着一大束玫瑰,单膝跪倒在莫思齐的面前,他知道自己错了,他也从邻居们口中了解到这位华人太太的风采,毕竟不同国度的女子有着不同的优点,怎能一概而论呢!

这么久的分别让他想起了莫思齐的好,深刻地感受到自己还爱着莫思齐。现在,他不止舍不得儿子,也不会再离开太太了,他决定重新给莫思齐一个风光的婚礼。然后,好好地守着她们母子过生活,再也不做对不起她们的事。

大气地对"承包商"说"滚"

蒋莉来自三线小城市,不知道排挤掉几万名职位竞争者,才考上复旦大学,着实不容易。这还不算,她在爱情和事业上,那更是充分发扬了拼命三郎的战斗精神。她那么努力,那么拼,无非是想让自己得到最好的。但生活常常喜欢跟人们开玩笑。

工作四年,27岁的蒋莉终于在上海金融圈里赢得小小的一席之地。身为一个投资顾问,来往的客户非富即贵,经手的钱从几百几千万,到上亿,稍微有个闪失，那才真叫万劫不复呢。还好蒋莉自控能力很强，对理财资金从未染指过一分一厘，她给客户的投资建议及时、中肯又恰到好处，是个特别敬业的女强人。

只不过，职场得意情场失意。蒋莉谈了两年多的男朋友，竟然被自己一位女客户撬走了。那富家女来换投资顾问，她追着人家问是不是自己哪里做得不够好，因为在四年的职业生涯里，她还没有被莫名其妙换掉的历史。不问还好，这一问，清楚了因果，蒋莉的脸立马就绿了，她成为全公司最大的笑话。她发誓，以后约会时间无论如何不跟任何客户谈投资。只是晚一步，她目前没有了约会的对象。爱情没了，客户也丢了，可怜的双失女偶尔酒吧买醉。

直到那天，蒋莉离开酒吧时，包包拉链不小心勾坏了一个女生的上衣，差点儿打起来。幸亏江总及时出现，帮蒋莉挡掉那伙人的讹诈。

江总是蒋莉为数不多的大客户之一，四十多岁就已经事业有成，他名下一家公司，两间超市，资产过千万。当得知蒋莉因失恋而困苦时，很不以为然地说："爱情嘛，旧的不去，新的不来。那个放弃你的，是他眼拙，看不到你的好，你完全配得起更优秀的男人，让你的前男友后悔去吧！"

蒋莉被江总这么一开导，立刻像打了鸡血似的兴奋起来。"对呀！他找个有钱的女人，我为什么就不能找个更有钱的男人呢？"

江总微笑着用中指轻弹一下蒋莉的额头："聪明。"然后又嬉皮笑脸地说："我现在正跟老婆办离婚，要不要先考虑考虑我，当个备选也行呀！"

蒋莉白他一眼，没有作声。江总迅速对蒋莉展开了追求，中午一束花儿，晚上一顿饭，周末再买件漂亮衣裳，一向勤俭持家的女孩哪里经得起这样奢侈的糖衣炮弹攻势，没过几个月就丢盔卸甲成为江总的爱情俘虏。但蒋莉努力保护好最后一道防线，她不想做小三，不要破坏别人的婚姻。早在交往之前，江总就说正办离婚手续，所以说，他们的婚姻不是她破坏的，这点让蒋莉心怀安慰。可手续到底办完了没呢？

每逢问到这个问题，江总便想方设法岔开话题。第一次问，说送她一栋房子；第二次问，又送一辆车；第三次问，送了张金卡。再问，江总就翻脸了。

"给你好吃好喝供着,花多少钱我也没计较过,干嘛非逼着让那女人跟我离婚,分我一半家产呢?做情人也得懂规矩,我承包的是你的青春,别净想着把下半辈子嫁祸给我,家里有一个黄脸婆就够烦了。"

向来要强的蒋莉居然会落得如此田地,她很不甘心。前男友早已结婚,他与那位富家女的爱情好坏暂且不讨论,至少他们走向了婚姻这座山头儿,没有像自己这般,让爱情死无葬身之处。

可蒋莉哪里知道,前男友的痛苦并不比她少。富家女是同性恋,结婚只是想在亲戚朋友眼中看似像个正常人。说白了,他就是富家女买回来的一只宠物,用来充场面的。糊里糊涂的男人,挖了个坑,跳进去,就把自己埋了。

大雨夜,蒋莉的房门被敲得山响。她打开门,一个全身湿透的男人将她狠狠拥入怀里。"对不起,对不起。我不想失去你。"

两个失意人,在疾风骤雨的夜里相互依偎,彼此取暖。第二天,他们做了一个同样的决定,放弃过去,让那些不堪的记忆都滚到岁月的长河里去吧,他们要重新开始。

蒋莉搬离那个本不属于她的家,前男友离婚了,又成为她的现任。他们要再过回原本清苦,却干净快乐的日子,大气地对所有"承包商"说"滚"。受人钳制的奢华生活呀,爱哪儿凉快哪儿凉快去吧,咱不稀罕。我们要真爱,更要自由。

腌泡菜般腌制男人的诺言

百分之六十以上的男人,在讨好女孩子方面,是天生的语言大师。还有三分之一是后天修炼的。尽管很多男人,很多时候的诺言等同于谎言,但恋爱中的女人多是弱智的,对她们来讲,那诺言就像长了翅膀的天使,会带给她们极大的满足感。

雪儿,26岁,私企白领

男人的许诺大多数是靠不住的,特别是在谈恋爱的时候,有些女人为了一句"darling"、"甜心""宝贝",便鬼使神差地不惜出卖色相与良知。可是,对于男人,那只是随手拈来的一句口头禅而已。甚至于,在必要时刻,这些词汇可以用在任何一个女孩子身上,如同法国人送玫瑰花一样平常。

我的第一个男朋友是上大学时认识的,当时他已经参加工作,他说,他很喜欢我的单纯、自然,现在的女生把脸搞成了油画,让人辨不出她们的真面目了,我信以为真地认为,他是爱上了我的纯朴。可是不然,这个男子一边跟我说着甜言蜜语,海枯石烂,另一边却偷偷地和同一公司里的女孩儿约会。我很受打击,这份历时两年多,本该美丽的初恋,却给我留下了永远的伤痕,让我无法认真地投入到第二段感情里去。

可是,阿岩却是真的对我很好,他每到双休日就跑大半个城市,从上地到丰台区坐三个多小时的公交车,只为了让不会做饭的我吃上一顿家常菜。吃过

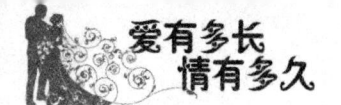

饭，阿岩又抢着收拾碗筷，之后，我们一起看大片儿，一起洗衣服、大扫除。那时候，我真的感觉自己是个很幸福的小女人。于是，我问他："咱们会一直这样过日子吗？"阿岩说："怎么可能，我们只准比现在过得好才行，而且呀！我要你做我这一生里永远的公主。"我感动得一塌糊涂，望着每周饱受舟车劳顿的他，随即便决定搬去和阿岩同住。可是，同居久了之后才发现，自己早已由公主沦为了奴仆，阿岩的周末必修课换成了打游戏或者郊游，而我则要一个人承担所有家务。很显然，两人之间的爱情越走越远。所以，我不再相信男人的鬼话，所谓诺言，无非是用来哄骗小女生的把戏，我万不能继续停留在那个幼稚的年纪。

若兰兰，28岁，职业医师

我老公很木讷的，从来不会像别的男人那样，对着你说一些情话，只是像个卫士一样，静静地守着你，偶尔，给一个深情的拥抱。当你站在阳台上久了，他会拿一件衣服出来给你披上，然后一声不吭地站在你旁边，轻轻地让你感觉他离你很远，或者已经进屋去了，回转身却因差点撞到他而吓一跳。

从认识到现在，六年间，老公对我只有一句诺言："嫁给我吧，我会尽我所能地给你幸福。"很显然，这是未婚告白，从此之后，便再也听不到类似让人心动的话语了。每当我有所欣然时，老公就会表现出一副玩世不恭的模样，"会说话的鸟飞不远，爱讲甜言蜜语的男人，感情不会长久。"我听了总是回他一脸不屑，他凭什么断定人家不会长久？依我看，他一直这样下去，我们才真是难长久呢！

没想到，老公这句话居然在我几周后偶遇老同学时得到证实。文莉和我同年结婚，小两口儿如胶似漆，一个教师，一个律师，又都能言善道的，刚结婚那会儿整天腻在一起，有说不尽的悄悄话。可现在，才短短三年时间就离了，原因是老公外遇。想起几年前她炫耀自己老公承诺时的情景，是那么志得意满。"他说了，要把全世界最美好的东西送给我，让我永远年轻漂亮得如妖精一样。哈哈，亏他想得出来。……"

而我那时，似乎只是简单到想要有一个属于自己的房子就够了。一年前，这个愿望已经成真，老公默默无闻地将钥匙和房产证放到我手里时，我着实高兴了几天，可那些事很快就过去了。它的冲击力，只比诺言效应大了那么一点点而已。总之，自幼浪漫主义细胞生长过旺的我，对于不解风情的老公，还是多少有些不满之处的。

男人诺言的几大特点

一、突发性。一时兴起，应时应景，为博美人一笑，才天南海北地说了一些不着边际，连自己也记不得的昏话。

二、短暂性。男人的诺言，如同美丽的烟花，一个是绽放在天空，一个是开在女孩儿的心头，但性质相似，开过也就过去了，留下的只有沙尘而已。

三、冲动性。这种情形多见于一个女孩子心情不好时，作为男朋友心里肯定急得火烧火燎的，恨不能摘个太阳来哄她开心，便开始胡乱许诺。但雨过天晴，男人思维正常了，才明白，其实他能给的也不过是眼前这些罢了。但女孩高兴呀！多说点儿又有什么关系，索性继续这样的谎言。

四、谨慎性。有些成熟的男了，从不轻易许诺，而一旦许了，则言必信，行必果。因此，不要觉得你的恋人吝啬噢，他们可是视诺如金的好好男人呢！

应对策略

A. 对诺言频繁的男人：用你的理智，自制一个过滤网，把那些听似天方夜谭的言语，当童话一样地过滤到脑皮层的"故事"文件夹下；把一部分可信度偏高的话，存放在记忆库的"桌面"，让自己偶尔想起也会甜蜜；至于那些故事和仿真话之间的诺言，就当作笑话来听吧，听过最好忘掉。

B. 对吝惜承诺的男人："爱"的确不一定非要说出来。诺言很累人的，承诺了就必须遵守，一旦忘记就叫失信，与其浪费时间去记住，不如花些功夫去创造。所以，一个男人对心爱的女子最好的诺言，应该是保留在自己心里的。

经典语录：

◆ 时间告诉我们，昨天和皱纹都不能回头，那么，努力把今天留住！要认真走好以后每一步，要对得起每一条皱纹。

◆ 爱是一辈子的事业或兼职，需长期经营。哪个女人不渴望一个可以为自己挡刀剑、盖宫殿、披衣衫、解心烦、挣金砖，甚至是奉献一切的体面男人？哪个男人不向往一个出得厅堂、入得厨房、帮得了事业、拼得过通胀的精致老婆？不如做最好的自己，全力以赴，能做多少算多少吧！

◆ 孤独是不可以用时间来计算的，因为孤独让人度日如年。一个人寂寞，两个人孤独，三个人辛苦。结婚，绝对不是摆脱孤独的最好方法。

◆ 一个优秀的女人，身边若是没有个出色的男人，就好像日全食的月亮，挡住了太阳的晴空。但是，也正因如此，她的光彩与绮丽才彰显出与众不同的美。

朋友是水,爱人是"鱼"

不要透支友谊,不要透支善良,更不要因为爱情丢了友情。婚姻可能只是一阵子,而没有利益冲突的朋友却可以维持一辈子。朋友是水,爱人是"鱼"。没有朋友,生活的船寸步难行;没有亲爱的你,人生的四季缺少滋味。

婚姻缺氧，朋友药不能停

不要透支友谊，不要透支善良，更不要因为爱情丢了友情。婚姻可能只是一阵子，而没有利益冲突的朋友却可以维持一辈子。

我们这代人大多是独生子女，就算有兄弟姐妹的，也被娇生惯养过，都有那么一点点性格缺陷。说白了：自私、任性。尤其自己在外打工，距离父母亲友比较远的，交个靠谱的朋友更似沙漠里的一眼清泉，急需时，饮一口，会从发梢爽快到脚指头。

何洁生活在二线城市，房价不太高，但也并非一般工薪阶层所能负担得起的。当时好朋友杜小美的妈妈给她介绍对象的时候，强调对方是拆二代，家里有两套房子，正面临拆迁。公婆只有韩喜庆一个儿子，女儿嫁到外地，不常回家。将来的回迁楼少说也有两套是他们小两口的。婚后用不着买房不说，住得离公婆近些，老人还可以帮忙照顾孩子。两全其美。

原本，韩喜庆的学历和工作，何洁都没看上，他大专毕业，只是个工厂的小技术工人，每月收入一两千块，连自己吃喝都紧张，养家糊口，娶妻生子，有点天方夜谭。

虽然何洁的工作也算不上高收入，带毕业班奖金多呀，与韩喜庆相比，还是翻了将近一倍，她有优越感。何爸爸不这么看，他认为韩喜庆小伙儿身材挺拔，家境不错，尽管拆迁要在外租住，好歹也算有房一族。女儿如果跟了他，不用背着银行贷款过日子，生活没那么清苦，老伴晚年也好有个照应。

何爸爸得过胃癌,切去一半的胃,花掉家中多半积蓄,说不定哪天就要走的,他现在最希望在有生之年看着女儿出嫁。"人家除了工作差点儿,哪儿配不上咱们家呀?你真想等我入土后合不上眼吗?"

迫于父母压力,何洁只得试着与韩喜庆交往。那天,两人去看电影,下午场散了,本来要一起吃晚饭,结果韩喜庆同事打电话说家里有事,让他上夜班早到两个小时,帮忙替一会儿班。他很干脆地答应下来,才不好意思地看着何洁,犹豫半天,终于说:"对不住,我可能吃不完就得先走,快点餐吧。"

饭菜上来,韩喜庆直接叫服务生拿饭盒每样装了一半,打包结账,特别利落地闪下何洁一个人,赶考似的冲出餐厅。何洁独自面对一桌子菜立刻没了胃口,她打电话给杜小美诉苦,小美乐呵呵地说:"没事,不喜欢咱换了他,干嘛委屈自己呀!咱又不是嫁不出去……"

杜小美的这番打抱不平让何洁真有点动心思,想甩掉韩喜庆,再找个更合适的。她正在思考怎么跟韩喜庆说,突然电话响了,是同事欧叶娜。"何大小姐,你下学期的教学计划做好了没,我们年级明天要交,能不能借你的先参考一下?"

何洁得知欧叶娜就在附近逛街,干脆把她约到餐厅来,两人边吃边聊,不知不觉忘了时间,竟也没发现外面下起雨来。当韩喜庆一身湿淋淋地走到她们面前时,两人都呆住了。"下雨了吗?我没带伞哎!"欧叶娜看向罩在雨衣里的韩喜庆,"他是……"

韩喜庆抢着说:"我赶到厂里不久,就下起雨来,怕你在包间吃饭不知道,出门时会挨淋,就赶忙请假给你送伞来了。我打你电话一直占线,出租车在外面等着呢,我先走了。你们继续吃,一会儿让司机师傅回来接你们。"韩喜庆脱掉身上的雨衣,放在椅子上,转眼冲进雨里。

何洁才发现,刚才跟欧叶娜通话一直没挂电话。欧叶娜笑着说:"这男人多酷,多体贴呀,还整天一副愁眉不展的样子,嫌弃人家这不好,那不好,我看你是身在福中不知福。嫁这么个男人,这样被呵护着,跟钻进蜜罐子里有什么区别呀!"

在亲友们的祝福声中，何洁与韩喜庆结婚了。不久，他们家的房子拆迁，小两口和公婆一起搬进了出租屋。隔一年，房租涨了，第二年房东又说要用房，把他们赶出来。何洁怀着四个月的身孕，边找房子边忙工作，心里非常不痛快。她抱怨韩喜庆太老实，当初租房的时候怎么就不多签几年的协议，房子还没盖呢，这东搬西搬的，什么时候是个头儿呀！甚至有些后悔自己当初太冲动，怎么说嫁就嫁了？

何洁跟杜小美逛街，每逢提到回迁或搬家有关的事儿，何洁就抓狂。自打他们城中村的居民搬出来已经三年多了，那块地方依旧断壁残垣地矗立着，始终未动工。韩喜庆每月的薪水交了房租所剩无几，何洁育儿期间只拿基本工资，也很少上课，家里的生活逐渐捉襟见肘。何洁买东西也变得抠抠唆唆，花钱要特别算计。杜小美替她抱屈。"如果实在过不下去，干脆离了算了。瞧你这日子过得，多憋气呀！要房没房，要钱没钱，生个孩子还得自己养，老公半点儿指望不上。你结婚就是为了找个人来拖累你吗？一开始我妈给你们介绍的时候我就不同意，看看，被我猜中了吧。"

杜小美的姐妹义气更加重了何洁的烦恼。离婚不是儿戏，何况孩子还小，无论跟着爸爸还是妈妈，都不能得到完整的爱。如果落在后爹后娘手里，有九成会像狗误走进狗肉馆一样，铁定被收拾熟了。

何洁耷拉着脑袋，在办公室门口跟欧叶娜撞了个满怀。如今的欧叶娜在婆媳关系中已经锤炼成一个精明的小妇人，她告诉何洁："若现在离婚，你除了孩子什么也得不到。第一，你们没有夫妻共同财产，就算有，也是你自己的工资，离婚两人平分，你同意吗？第二，你们名下所谓的房子，曾经是韩喜庆父亲的祖屋，按拆迁平米赠与儿子，离婚时如果新房未落成，基本上跟你这个媳妇没关系。第三，你的女儿，你可以带着她再嫁，但现在虐童、性骚扰幼女的事件屡有发生，你想清楚，如何保证为她找个靠谱的后爹了吗？"

这些何洁真的没想过。其实，她提到离婚也只是一时头脑发热。这几年，婆家人对她挺不错，即使下班再晚，婆婆也会把温热可口的饭菜送到面前。老公为了让她多睡一会儿，申请只上白班，夜里女儿吃喝拉撒，她从未管过。只

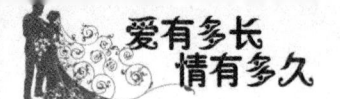

不过，韩喜庆不懂表达，说不出什么让人感动的话，但他所做的事，都是因为对何洁的爱。

在一个刚刚动土的工地上，有位三十多岁的女士领着个五六岁的小姑娘在那儿打转。她抬起头，微风吹乱了她的发丝，夕阳下母女俩的身影被拉得很长，很长。"妈妈，这是哪儿？"

"我们以前的家。"

"为什么现在被挖了一个大坑？"

"因为要盖房子。"

"是不是盖好了我们就可以搬回来住？"妈妈点头。"那什么时候盖好呢？"

女人低下头，几颗眼泪落到坑沿上。她父亲活着的时候也问过这个问题，她是真的回答不上来。

韩喜庆走到她身后，拍拍她的肩膀："老婆，咱回家吧。"说着，他抱起小丫头，拉了何洁的手就往回走。何洁不甘心地回望一眼那已经挖得很深的大坑，仿佛这是埋葬她青春的无底洞。青春已逝，便意味着她失去了继续任性的资格。

何洁终于没有离婚，她家的房子历时七年多，也迟迟未能建成，却总算动工了。随着孩子的长大，她渐渐明白了要珍惜手边的幸福。在欧叶娜的生活逻辑感染之下，何洁找到了自己在婚姻中的正确位置，她变成一个能够享受生活，只会偶尔感怀的小女人。她的好日子还在后头，她不再抱怨，而是勇敢地面对和接受。

好朋友似一剂温和的滋阴补气良药，久吃对病体有大益；坏朋友像每天微量的砒霜，当时不会致命，却让人逐渐咳血而亡。朋友很平常的一句话，可能带给你三春暖，也可能让人六月寒。所以，亲爱的朋友，管好你的嘴巴，别让它成为伤人的利器。

夫妻吵架，父母损友有责

都说女人昏了头，才会想要拿青春去换一张结婚证，为个曾经素不相识的男人当牛做马，侍候他的饮食起居。这，便是爱情的魔力。其实不然，有时候，女人要绑定一个男人，不单单是因为爱。

孙云亭是有女朋友的，在商量如何举办婚礼的时候，他们吵架了。女孩儿不想做一只金丝雀，事无巨细都被孙云亭安排着，让她连自己做主的机会都没有。她的婚礼，凭什么不听半点她的意见？孙云亭有钱又怎么样？不带这么欺负人的。即便女人要当家庭主妇，也不能没了原则，忘记初衷。做绣花枕头，细瓷瓶，行尸走肉，不懂思考，失去真我，绝对NO WAY。

冷战中的女朋友不接孙云亭电话，不见面，连之前跟影楼定好时间要拍婚纱照都爽约了。孙云亭闷闷不乐地找了几个哥们儿一起喝酒。席间得知他的苦恼，钱哥嘿嘿一笑："不就是女人嘛，旧的不去，新的不来。哥认识好多刚毕业的大学生，等着，我介绍给你。"

煮一杯咖啡的工夫，酒吧包间里闪出四五个学生模样的姑娘。孙云亭平时酒量可以的，却也让学生妹灌得东倒西歪。半夜醒来，孙云亭诧异地发现，自己居然被一个女孩子给睡了。女孩叫魏怡艳，是某地质学院大四的学生，由于对实习单位不满意，偶尔翘课出来当啤酒妹赚些小钱，以满足自己对奢侈品的狂热追求。可是这一次，她的投资有点儿大，据说，那是她的初夜。

一个月后，魏怡艳给孙云亭打电话，说她怀孕了，问怎么办。此刻的孙云

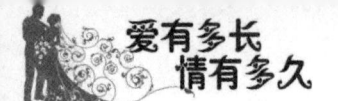

亭正被家人催逼着定婚期，他和女友的关系也是时好时坏，仿佛两人都得了婚前恐惧症。

再次与女友闹不愉快后，在气头上的两个人竟提到了分手。孙云亭想起钱哥那句话"有钱还愁讨不到老婆"，干脆一不做二不休，婚礼照旧，他把新娘换成了魏怡艳。这下魏家人都乐开了花，魏父高兴地对女儿说："这么有钱的女婿，还不是想要多少彩礼就有多少。以后我在赌桌上，那可就扬眉吐气了呀。"

魏怡艳义正词严地告诉父亲："如果还没结婚你就把他吓跑了，我保证一分钱你也拿不到，更别提上赌桌。"

魏父立刻收敛起贪财的嘴脸，一切全听女儿的。彩礼从简，婚宴任由孙云亭想怎么弄就怎么弄，这下他心理上得到了极度满足感。婚后两人过得还行，不知道为什么，孙云亭越来越觉得魏怡艳很假。她像个天生的演员，特别喜欢在自己面前演戏。

比如，公婆来家里住，她明明不高兴，却当着孙云亭表现得非常孝顺，转脸又在保姆给婆婆煲的汤里多加盐。老太太口味清淡，住不几天就要走，还数落儿子家里的盐不是花钱买的，玩命吃咸，早晚会伤了肾。公公有糖尿病，魏怡艳却经常在家吃甜品，还美其名曰肚里的宝宝爱吃。结果，她把买多的放在冰箱里，公公禁不住诱惑，大半夜偷偷起来吃，被送进医院。刚开始，孙云亭以为老婆是大大咧咧的人，生活习惯问题，久而久之，才感觉不对。

他们结婚三年多，从一开始三千两千地给岳父还赌债，到后来，丈母娘出国旅游叫他买单，小舅子开门市邀他赞助，一桩桩一件件，怎么都让人觉得这是在掏空他的钱袋子。

岳父的赌债越欠越多，这次魏怡艳开口就是五万。没错，他孙云亭做生意，不差钱儿，但并不代表要无极限地供养岳父岳母的嗜好呀！何况赌博是个无底洞，今儿五万，明儿十万，长此以往他就离破产不远了。于是，孙云亭告诉老婆，给岳父还债可以，但要打个借条儿，而且，必须是他亲笔写的。

尽管魏怡艳白了老公几眼，说他小气，但魏父的借条儿还是拿回来了。有了这张借条，他们家消停很久。

儿子还有两个月就要过三岁生日了，魏怡艳主动要求给孩子摆生日宴席。"三岁看大，七岁看老。这三岁在中国古人眼里也算大日子，办的像样点儿，别丢了咱家的面子。"孙云亭又在老婆的附属卡上划了20万，余额显示35万多。魏怡艳捧着银行卡，瞬间感觉老公对自己其实也挺好的。

魏父听说女婿要花30万为外孙子过生日，大骂女儿全家都是败家玩意儿。"那么多钱，吃到肚子里还不是变成大粪。实实在在置办点家当，或买些有投资价值的东西才是正理儿。"

没几天，母亲打电话让魏怡艳回家一趟。父亲开门见山："你弟弟要结婚了，女方要求咱家在市里必须有套房子，可这房价高的，爹妈负担不起呀！实在想不出办法来，只好把姑娘你请回家，商量一下，能不能让女婿给掏个首付，以后的贷款你弟慢慢还。"

"爸，我现在也是泥菩萨过河——自身难保。之前，我无意间跟婆婆顶撞几句，把她气着了，孙云亭正给我脸色看呢。这时候跟他借钱，肯定不会答应的。"

"不答应就不借，直接挪用。反正你儿子生日还有一个多月，先给你弟弟买房，等你们两口子关系好了，再让孙云亭给你把钱补上。"魏怡艳有些犹豫，父亲继续说："这可是你亲弟弟，万一哪天你离婚了，房子有你的股份，你要想搬进去住，你弟弟能不给你留间房？"

"那肯定留。我的婚姻幸福就全靠我姐了。"弟弟也在旁说着："糖衣炮弹"帮腔。

魏怡艳答应了，可这么大的亏空她不知该如何向老公解释。儿子的生日会现场，策划方像尾巴一样追着孙云亭要钱，他这才清楚，那30万没花在自己儿子身上。

回到家，两人积累已久的战争终于爆发了。原来，孙妈妈看不上这个儿媳妇，嫌弃他们家是柴门配朱门，高攀太多，总是挑剔难为魏怡艳。或许她嫁过来的时候是想好好跟孙云亭过日子的，但过着过着，就感觉在这个家里，只有

她一个是外人。还是自己有钱更保险些,便开始学蚂蚁搬家,把老公的钱一点点搬回娘家。万一哪天,"老公"这称呼又变回了"老板",自己有米傍身,也不愁吃穿。

她完全不知道,看在孙子份上,有些小事公婆已经睁只眼闭只眼。孙云亭也很努力地在缝合婆媳关系,却被魏怡艳耍的小聪明一次次搞砸。

有人说,魏怡艳嫁给孙云亭目的就不纯,她为了他的钱。没错,也许女人会贪钱、图享受去出卖肉体,但孩子是谁种下的?人类并非雌雄同株的植物,自己便能搞定传宗接代,所以,即便最初的一夜情孙云亭被算计了,责任也不只在一方。首当其冲要数钱哥,这个贪图享乐的损友把哥们儿带进沟里。接下来就是他们夫妻俩的问题了。

再者,为了孩子而结婚,理智吗?我们的人生还有大半,没有挫折怎么能学会成长,新娘缺席,婚礼延后或取消不就得了,玩临时抓差,是不是草率了些?

魏怡艳在婆家没有归属感,这是所有婚史尚浅的媳妇通病。与公婆同住,或距离不太远,老人说不定什么时候就玩突击检查,担心你照顾不好他们儿子的饮食起居,总之,各式各样的担心。有什么用呢?老婆已经娶回来了,您总不能一辈子管儿女的生活,陪他们到老吧。

魏父的做法最不可取,他简直把女儿女婿当成摇钱树了。不仅唱衰魏怡艳的婚姻,给她打离婚后会怎么样的预防针,还教唆女儿偷用老公的钱,变相加剧了夫妻矛盾。这样的岳父终将是债与害,如此夫妻关系又怎么会长久!

活好自己,枉妒别人幸福

爱是一辈子的事业或兼职,需长期经营。哪个女人不渴望一个可以为自己挡刀剑、盖宫殿、披衣衫、解心烦、挣金砖,甚至是奉献一切的体面男人?哪个男人不向往一个出得厅堂、入得厨房、帮得了事业、拼得过通胀的精致老婆?然而风水轮流转,好运气哪会只到你家呢?不如做最好的自己,全力以赴,能做多少算多少吧!

有对留学生夫妻,结婚六七年,无论任何家庭花销都是 AA 制,他们当初定这条规定时,可能脑袋被西化得太厉害,完全没有意识到有什么不好。相反,婚后各有各的朋友圈子,业余生活很丰富多彩,曾经被许多已婚人士羡慕。两人还约好,先做丁克,不要孩子。这样不光有大把的时间可以自由玩乐,更有大半薪水被节约下来,任由他们去旅游度假,买奢侈品,去挥霍青春。

然而,随着夫妻俩年纪增长,他们的父母变得年老多病。先是老公的父亲脑血栓入院,住了一个多月,最终还是落得半边身子活动不便。不久,老婆的父亲又摔断了腿。夫妻俩都是独生子女,老家也不在同一座城市,各自请假回去照顾各自的爸爸,这话让人听着都孤独。

为了不影响工作,两位父亲先后被接到家里来住。原本三室一厅的房子,曾经因朋友聚会狂欢感觉地方小,打开了一个室,现在必须重新装修补起来。几件事儿一折腾,两人手中的钱都所剩无几了,矛盾便随之而来。他们甚至为

一顿饭、两斤水果、谁分摊的钱多了少了而争吵，越看越不像夫妻，更像寸土必争的商贩。

不用羡慕别人日子过得多好，再好的东西也有弊端。也不必感慨自己有多不幸福，幸福是需要寻找的，它有时藏在你为老公准备的一杯热茶里，有时躲到老公新给你买的棉拖鞋后面，也有时就在你的手心。只可惜，你习惯了摊开双手，常常把它掉在地上。

谁规定一个男人就终将要撑起一个家？这只不过是中华五千年约定俗成的惯例罢了。现在呀，吃软饭的老爷们儿多了去了，豁出自己脸皮厚，管他别人说什么。

你的脑袋再有智慧，不及他们的"画皮"让荷包丰盈的快。任你多么志气逼人，也照样没脾气。每个人的生活方式不同，价值观也迥异，人生定位在哪里，未来发展便在哪里。

但身为母亲，请先教会孩子独立与长大，当你一边埋怨老公不成熟，不顾家，不懂疼人，一边在宠溺儿女，多吃，少做，多休息，家务别管，照顾好自己就行。诸如此类，你不仅害了自己的孩子，也害了别人（儿媳）的老公。

第一次去小文家，大概上午九点多，我们聊她创业的经过，聊她的爱情。感觉时间不长，我一抬头，发现墙上的钟表已经十二点多了，慌忙起身要走。小文硬要我留下，说等会儿让工人们早点下班，她和老公吕军陪我一起吃个饭。我再次抬眼望向挂钟，12:25，这还叫早下班？

小文仿佛看出我的疑惑，噗嗤笑了。"别看那个表，我家墙上的挂钟没有准的。这个小区的几栋楼盖的离铁路太近，火车经过时地面都在颤抖，很多电子产品全坏得早，几乎没有一家的表是准点儿。很多住户为此都搬走了，现在入住率不到三分之一。"

仿佛在翻找什么，小文连续开了三个抽屉，才终于拿出一块手表。"防震的，就这小东西，吕军花了近两千块。我还骂过他败家，后来才知道，真有用。刚11点，甭着急呵。"

见小文一脸悠闲的模样，我有些不解。火车平均一小时就能来扫荡两三次，我们的谈话都有时受阻，她怎么能在这儿住五年。要搁在平常家庭，定会被火车的噪声吵得全家不得安宁，可他们家过得非常开心。尤其是在提到老公的时候，小文满面骄傲是掩饰不住的。那个据说挺平常的小白领吕军，到底有什么不同之处呢？

小文和吕军结婚那会儿，家里穷，小两口努力攒钱想买房子，婚礼办得挺寒酸。吕军觉得有点对不住媳妇，就在工作之余买入些小玩意儿，在夜市上卖。旁边摆地摊儿的哥们儿卖汽车挂饰为主，还有些瓶瓶罐罐缀着中国结，类似于鼻烟壶，内壁画着美丽的图案，两头有孔被红绳穿起来，非常漂亮。

小文从小喜欢画画，如果让她学画这些小壶，再拿出来卖，比在工厂当女工应该强很多吧。吕军想着，就去打听哪儿有画壶的作坊，可以边学边上班的。

三年后，小文在内饰画方面已经颇有功底儿，老板开始让她带徒弟了，工资比先前在工厂的时候高出两倍还多。眼看就存够了房子的首付，小夫妻喜滋滋地跑到售楼处，一打听，房价涨了，要买个两室一厅，最少还得勒紧裤带再存一年。

垂头丧气地从售楼处出来，吕军突然意识到，买房要趁早。就算在三四线小城市，工资照样跑不赢房价。他决定买二手房。

一连看了十几处旧楼，要么价格太高，要么房子采光不好。直到看完铁路附近那套九十来平米的房，吕军的心才踏实下来。六加一楼房的二层，脚下踩着自家车库，房价不足市面上同等质量房屋的八成，车库算半买半送的。这房子最大的缺点是距离铁路太近，火车通过的时候，刚扒到嘴里的米饭恨不能再给颠簸回碗中。

房主就住过一年多，家中有老人，实在受不了火车的干扰，搬去别处了。这几年，房子空着的时间比租出去的时间多很多，房主不想干压着钱，只好便宜卖掉。

小文也不太喜欢这火车的动静，但价钱方面特别合适。本着一切从省的原则，吕军又砍去些零头儿，就办了过户手续。从银行回来，吕军把买房剩下的

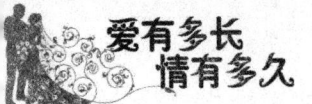

两万块钱往小文面前一放,"老婆,这些年你跟着我吃苦了。我计算过,开个小型画壶作坊,咱剩下的家底儿勉强能够。你放手去干,我全力支持。"

小文呆呆地望着豪爽的老公,有点激动,又有点不知所措。"我去哪干呀?租个小院儿也要好大一笔钱呢。老公,咱有家了,你乐糊涂了吧。"

"在车库啊,难道你准备买车?我要这套房子的目的就是想让你自己单干,借着铁道的噪声,咱磨壶的声儿也就不显得那么刺耳了。再说,这里的街坊四邻抗干扰指数异常强大,不会投诉扰民啊。"

五年后,小文已经拥有了一个近二十名员工的鼻烟壶作坊。楼下的车库早就不够用了,九十平米的住房只留下最小的一间,做临时休息室和办公室。小文办公桌的边上有张小床,四岁的儿子只有在这儿才能安稳地睡个午觉。因为这里有妈妈,还有像摇篮一样晃动的地面,躺在上面很有趣。

吕军依旧做他的老本行,挣不太多的工资。大家都说他娶了个能干的好老婆,画个小小的玻璃瓶,四五年内就能买得起两套房子,真有福气。吕军什么都不说,只是笑笑。

一个优秀的女人,身边若是没有个出色的男人,就好像日全食的月亮,挡住了太阳的晴空。但是,也正因如此,她的光彩与绮丽才彰显出与众不同的美。很多时候,男人的出色不停留在表面,默默地支持,在细微处对爱人呵护,更值得尊重。

关怀需要分寸,窝边草实难咽

  一个男人最骄傲的,不是事业有多成功,而是他的成功有人懂,有爱人与之分享。同理,那些失败的男人也未必就是能力不够,恰恰是他们的坚持里少了一根看似温柔无骨,却足以致命的支柱。

  彭英伟婚后一直想要个孩子,可老婆郑姚总以收入太低,养不起为由推脱。年底同学聚会,同宿舍的哥们儿孩子最大的已经会打酱油了,他家儿子还没发芽呢。彭英伟心里着急呀!

  睡在他上铺的兄弟帮忙出了个主意:"不就是缺钱吗?哥们儿介绍你去国外打工,每年最少能挣十几万。"彭英伟一咬牙,把郑姚托付给旧同事谭小秋照顾,自己签下两年非洲外劳,去黑人的土地上效力了。

  谭小秋以前跟彭英伟合作开发过市场,虽然公司越来越不景气,但两人关系一直挺不错。去年,彭英伟结婚前准备买房,还是谭小秋给找的人,在他们家小区二期选了套小两居。两家离得很近,约个饭,或是一起打游戏,小跑着用不了五分钟就到。谭小秋的老婆出差时,他通常都来彭英伟这边蹭吃蹭喝,还一个劲儿地夸郑姚做饭好吃,比他媳妇贤惠多了。

  受到彭英伟"托孤"之后,谭小秋干脆在媳妇不在家的时候都去郑姚那边搭伙吃饭。菜和肉主要他负责采购,有时两人一起逛超市,谭小秋抢着给钱。郑姚有种谈恋爱时被呵护的感觉,两人常在小区出双入对,不知道的还以为他们是小夫妻。

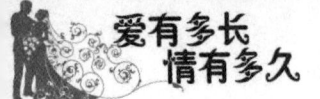

　　时间一长，郑姚居然对谭小秋生出莫名的依赖感，加上老公离家半年多，青春涌动的少妇，寂寞的空房，有种野火烧不尽的欲望在燃烧。某个夜晚，她亲手做了份心形牛排，还穿上性感的小礼服与谭小秋共饮红酒。

　　小谭同学看似老实厚道，但对美女基本不免疫。何况是送到嘴边的肉，不吃都担心肉会自卑了。当他啃得连骨头都不剩的时候，才突然清醒地意识到，自己上错床了。

　　一连两个礼拜，谭小秋没敢再进郑姚的家门，也没电话联系。周六，老婆出差回来，想邀请郑姚跟他们一起吃个午饭，他推说自己感冒，全身没劲儿，哪儿都不想去。半小时后，郑姚的电话到。"感冒好点儿没有？今天我一开电饭锅就跳闸了，正要找人维修呢，你媳妇儿来了，说你学过电工，可以找你。下午等你休息够了，能不能帮忙给修一修？"

　　谭小秋果然去了，他修的不只是电路，还有他们的旧梦。正当小谭同学明妻暗妾地享受齐人之福时，老婆有喜了。三十多岁才怀上第一胎，老婆特别紧张，不许谭小秋吸烟喝酒，让他搬到客房去睡，自然更不要说出差啦。她向公司申请换了岗，每天朝九晚五，上下班特别准时，还要老公接送。

　　这回谭小秋"照顾"郑姚的时间少得可怜了，有时郑姚会以送鸡汤的名义过来看看他们，望着谭小秋对媳妇的殷勤样儿，郑姚有些嫉妒，甚至想过自己也该有个孩子。

　　那段时间，郑姚心情很糟糕，不想上网与彭英伟视频，连他打来的越洋电话也懒得接。彭英伟急了："老婆，我明天就请假，订最早一班飞机票回国。"

　　郑姚赶忙拦阻。"不用了，我只是跟同事闹矛盾，在家只有我一个人，又得不到安慰，心情不好，才迁怒于你。没事的，你安心工作吧。再过八九个月不就回来了吗？何必浪费机票钱来回跑。"

　　彭英伟听了郑姚的话，松一口气，感觉自己老婆特别懂事，特别会过日子。可他哪里知道，好大一顶绿帽子已经戴在头上，郑姚是希望他越晚回国越好，一直不回来最好。

　　彭英伟还是回来了，刚好赶得及给谭小秋的女儿过满月。他在非洲工作特别优秀，还积攒了40多天年假，老板对他非常满意，希望他再驻外一年，升职，薪水翻倍。彭英伟决定提前回家，一来跟老婆商量，二来给她个惊喜。

然而，当他走进家门的时候，有更大的"惊喜"在等着他。房间里没人，餐桌上摆着前一天吃剩的饭菜，两双筷子。高脚杯旁边有张化验报告，妊娠化验阳性，上面赫然写着郑姚的名字。彭英伟手中那一束洁白的百合花骤然落地，他万万没想到，自己最想要的儿子，是别人帮忙种下的……

彭英伟打电话问谭小秋在哪儿，小谭说在医院，陪朋友看病。"郑姚病了吗？"

"不，不是郑姚。是我，我老婆不太舒服，回产科拿点药。顺便看个朋友。"谭小秋说话有些逻辑混乱。

"两年不见，你小子变结巴了？"彭英伟还想继续问什么，电话那头传来一个女人的大嗓门呼叫。"郑姚家属，郑姚家属，哎，说你呢。人流做完了，这纸上有注意事项，扶她去输液吧。你们这些男人呀，敢做不敢当，打胎多伤身体你知道吗？哎！这么漂亮的姑娘，摊上个不负责的男朋友，倒霉呀！"

谭小秋看看正在通话中的手机，踉跄两步，倚在墙上。"完了，他全都知道了。"

两天后，在谭小秋女儿满月酒宴上，由于小混混闹事，发生踩踏事件。其他人都是小擦伤，只有谭小秋大腿和肋骨多处骨折。病床前，老婆扔下一张离婚协议书，骂他是个混蛋。"兔子都不吃窝边草，你这么做，对得起谁？"

彭英伟以妊娠化验报告为证据，把郑姚告上法庭，作为无过错方，他拿到绝大部分家庭财产。然后，迅速收拾行囊，离开了伤心地。郑姚却因为没有养好小月子，当街昏倒，再次住进医院。

把朋友的老婆照顾到自己的床上，这事儿，可大可小。你可以选择装孙子，跟什么事儿也没发生一样，等朋友回来，把老婆还给他就是了；也可以悄悄在朋友的生活里淡出，让那些荒唐的过去都随风而去；最损的选择是扔了自己的老婆，娶回别人的老婆。其结果是，丢了两个朋友，多出一个仇人。

嘘！这些方法其实都不用也行，那就得记住一句话：做个好兔子，千万别吃窝边草。此金玉良言，与你的男性或女性朋友们共勉吧！

适当避开隐私，朋友能做一辈子

宁海洋聪明有才气，史嫣然长得漂亮，是同学们眼中的绝配。两个年轻人，大学毕业，各奔东西。那时，虽然没有表白，可眼里有情，心中有爱。男人家贫，自卑，直到遇见另一个女人，一心帮他做事业。

六七年时间过去，宁海洋有些钱了，女人也怀上他的孩子，虽然心不甘情不愿被束缚，可这女人为他着实牺牲的太多，自己也已三十几岁，没有更好的人选，只得结婚。

史嫣然在国外镀了层金回来，依然单身，却更加光彩照人。她在自家别墅开派对，能联系上的朋友全约了。席间，史嫣然活脱脱一个高贵的公主，八年光阴仿佛未在她脸上留下任何痕迹，宁海洋的妻子被硬生生比下去。他们开始吵架，伤害的话源源而出。

史嫣然是某国际品牌的华南区销售总监，这类产品宁海洋公司也需要，只是她卖的比其他品牌贵了将近一倍。

刚刚开始，宁海洋还有点踌躇，如果生意做不成，史嫣然会不会就不理他了。没想到，这位校花竟主动约他见面。两人喝咖啡，听音乐会，玩双人游戏，把当年在学校时想做又没敢做的事，几乎都做了，除了同床共枕。

为让老同学把华南区销售总监的位子坐稳，宁海洋痛下决心，大出血，计划预订她一万件产品。接到宁海洋的电话，史嫣然显得异常兴奋，用娇媚的声音说："谢谢啦老同学，一个小时后咱们在××酒店大堂见。"

宁海洋在酒店大堂一直未看到史嫣然，却瞥见了竞争对手谢秃子。他拎个公文包，聊着电话，乐呵呵地朝外走。"我跟你讲，这国外回来的女人，就是不一样。先把你伺候舒服了，再谈事儿。签这合同值呀……"

手机短信声响起，宁海洋打开一看，是史嫣然发来的房间号。宁海洋上了楼，房门是虚掩着的，有个女清洁工正在收拾房间。浴室里传出史嫣然的声音："海洋，你先坐会儿，我马上就好。"

清洁工手脚笨拙，像是新人。她整理完床铺，走出门，又折回来，不好意思地朝宁海洋笑笑。"先生，您闪开一下，我把垃圾筒倒掉。"

宁海洋闪身，发现自己背后的垃圾筒里有只肮脏的避孕套。他猛地就想起谢秃子的话，原来，他也是来这里签合同的。史嫣然的私生活如此糜烂，他开始歧视她，歧视那光鲜靓丽外表下不该有的龌龊灵魂。在他心中，关于校花的美好记忆彻底被颠覆，他一刻都不想继续留在这儿。拉开门，正准备离去，却被一双纤臂从身后抱住了胳膊。

"这么一会儿就等不及了？上学的时候你可是很有耐心呀！"史嫣然娇笑着，把门关上。

"我的耐心，只对值得的人。像你这种用出卖肉体来换取生意的做法，我不敢恭维，只好避而远之。"宁海洋的话让史嫣然有点恼羞成怒。

"你凭什么这么侮辱我？"

"就凭你现在的穿着，垃圾筒里的东西，和谢秃子的破嘴。在咱们这个圈子里混，没有秘密。中国人爱嚼舌根儿，你懂的。"史嫣然紧紧抱住遮羞的浴巾，仿佛裸身站在大街上一般，片刻，她冲进卧室，痛哭失声。

宁海洋把她看成什么人了？为了区区一纸合同，她堂堂耶鲁大学的高才生，用得着卖身吗？她只不过给谢秃子叫了一名小姐。两人洽谈完合同细节，签了字，倒上红酒，正准备庆祝呢，宁海洋又来电话，她不小心将酒打翻在裙子上。送走谢秃子，她只能先去浴室清理，洗个澡，再把裙子洗了。没想到，

让宁海洋误会。

史嫣然回国的目的很简单，在异乡，她没找到真爱。联系上同学又听说宁海洋结婚了。她只是来向过去道别的，因为曾经没有得到，希望对青春的那份纯真做个弥补。顺便看看他过得好不好，并给彼此祝福。却发现，那个人已经陌生。既然不能回到原地，又何必不分青红皂白地伤害彼此呢！

他们其实可以只做朋友，一辈子的朋友。既然那份喜欢从未道破，又何必在多年之后去捅那层早已被风雨和日头摧残得不成样子的窗纱。看不透，不是更好。看透了，反而让人伤心。宁海洋或许还爱着她，但那份情感里惨杂了太多势利与陌生，并非她想要的。

再见已陌生！我们都长大了，却生疏了，唯一认得的，是彼此的皮囊，尽管它越来越皱，越来越难看，但见到它，让我明白，我们曾经相识过，却再也不相知。

对于朋友的秘密，我们或多或少都知道一点儿。尤其是女性，好像只有知道了对方的隐私才能做更好的朋友。攒着别人的秘密真的有安全感吗？我不清楚。但我们需要了解的是，帮别人保密，甚至是在必要的时候假装什么都不知道，会更招人喜欢。尤其是在职场。

毛毛平时喜欢玩微信，动不动就摇一摇，摇个附近的女孩陪他泡泡吧，唱唱K，或者来段一夜情。可这次，他被一夜情的对象吓到了，自己的女上司，三十多岁，工作那叫一个一丝不苟。在单位，她通常都穿深色职业套装，显得老气、土气、有脾气。今儿，酒店房门一打开，毛毛差点儿没认出来。白蓝相间的一字领短裙，露肩，胸口坠钻，还带点儿蕾丝边，那叫一个时尚、妖艳、青春。

毛毛哈喇子都要掉地上了，正打算说，请，请进。突然，一拍脑门儿，人醒了。"狄主管，找你老公呀？走错啦。这是我给我爸妈租的房间，他们今天的飞机过来看我。"

女上司僵硬地扯出一个笑容。"是吧。我应该是记错了，打电话确认一下。"她边掏电话，佯装拨号，边向走廊另一头的电梯间跑去。

毛毛出了一身冷汗。"好嘛，这一夜情可玩不起。饭碗丢了不说，人家可是军婚，罪过大了去啦！"

周一上班，毛毛跟没事人似的，见到狄主管没话，不笑，只点头，依然是那副"跟你不熟"的模样。不久，毛毛升职了，被调任到分公司当经理，据说是狄主管举荐的。

试离婚，真爱游戏丢了现世安稳

人生需要激情与斗志，也需要变化，但有些变化是积极进取的，而有些变化却打破常规，让彼此伤痕累累。身为成年人，走每一步都要经过深思熟虑，别好玩图新鲜，丢掉原本的幸福。虽说平淡是婚姻最大的考验，然而，试离婚，有多少夫妻玩得起？

那年春天，二十出头的白彦明刚大学毕业，被分配到一家国企技术部。在单位热心大姐们的撮合下，与办公室文员林珊珊花好月圆，结成夫妻。

林珊珊人长得漂亮，比白彦明小三岁，有时候会撒撒娇，耍小孩子脾气，全当是生活调味。可白彦明本性呆板，不太懂浪漫，让妻子颇为失落。第二年，随着儿子乐乐的出生，林珊珊深埋起心中那粒风情的种子，充当好贤妻良母的角色，每日与老公相敬如宾，全力以赴地照顾家和孩子。

时光如白驹过隙，转眼间乐乐上了初中，开始住校，林珊珊又有大把空闲胡思乱想，甚至考虑自己的人生。李四离婚了，王五傍上个大款，赵六在玩姐弟恋。林珊珊自认为不比她们差，可当初怎么就找到这么个木头老公呢？两个人的爱情观和生活理念完全不同，一个很激进，一个太保守；一个爱打扮，爱花钱买奢侈品，另一个勤俭持家埋头苦干……

最要命的是，这对在外人眼中看似般配的夫妻，因为儿子初中择校的事吵了一次架之后，都感觉对方并非自己心中最爱，只是身不由己地凑合这些年。尽管在此之前，他们从来没有吵过架，红过脸，林珊珊仍觉特别委屈，一句"离婚"冲口而出。

37岁的林珊珊，身材苗条，长相如清纯可爱的小姑娘，说她二十出头也有人信。可40岁的白彦明就差多了，头上已有白发，肚子有些突出，脸庞也显老。他们站在一块，怎么看都像二婚。唯一值得称颂的地方，恐怕就是他的中级工程师职称，和每月一万多的薪水。

其实，两人之间早就有裂痕，之所以继续这样平淡地生活，全都为了维护家庭稳定，让孩子能够健康成长。

自从看了《妈妈咪呀》之后，林珊珊心里特别激动。44岁的屠焱都可以如此美丽，并收获自己的白马王子，她长相也不差，为什么不抓住青春的小尾巴，再任性一次！赌一赌未来，或许后半生真能碰上个懂风情的真爱，也说不定。但转念一想："万一遇不上呢？如果马上离婚，不光孩子和老人难以接受，我们一起供的房子，车子怎么办？毕竟白彦明的工资比我高，他是家里的经济支柱。"为保险起见，林珊珊想了个两全其美的办法。

周末，打发乐乐去奶奶家之后，林珊珊把自己的想法告诉白彦明。"既然你也认为我们的婚姻有问题，有些话我也不妨直说。我们不如暂时结束这种尴尬的无爱生活，协议离婚，名义上是单身，但先不换证。如果谁先找到心动的对象，就好聚好散，彼此祝福。"

白彦明表示同意。结婚这些年，就算没有爱情也有亲情，孩子都十三岁了，无缘无故离婚不好交待。何况双方父母年纪都大了，怕受刺激。为了表示诚意，两个人立字为据，在《试离婚协议书》上签字，注明这是经过两个人协商达成的共识，没有过错方。各留一份之外，还把复印件收藏起来，防止谁中途反悔。

重获自由的林珊珊备感轻松，她忙不迭地去百合网注册，找各种大型婚介所碰运气。她还厚道地在注册时不忘填一份老公的资料，就这样夫妻俩通过网络和现实各自留意异性对象，多次参加婚介所举办的大龄青年聚会。一来二去的，两个人分别谈了几个朋友，其中靠谱的不是很多。

年底时，终于有个钻石王老五留意到林珊珊的美，上钩了。这人长得虽然没有白彦明那么正派，个头儿也不高，但人家出手大方，花两三千块买套衣服或首饰，连眼睛也不眨一下。

他们进展很顺利，王老五还在距林珊珊单位两个街口的繁华地段租了房子，她一下班就赶去与之幽会。

转眼三个月过去，每次当林珊珊提到要结婚时，对方都找各种理由推脱。终于有一次，林珊珊再打电话催婚，对方拒接。去出租屋，那里已经退租。林珊珊傻了，相处这么久，除了叫他老唐，其他一无所知。一气之下，拿了他送的首饰去典当行卖，被告知全是假的。林珊珊气不过，往老唐手机上发短信。"你这个骗子，害得老娘财色两空……"

隔天中午，她竟然收到一条回复。"男人四十一枝花，女人四十豆腐渣。大家都是玩玩而已，何必当真，除非脑子被门挤了，谁会把豆腐渣娶回家。"

林珊珊咬牙切齿地将手机摔在地上，"我就不信了，茫茫人海还找不到一个能付出真心的好男人。"当然有的，这种情况比较特殊，就是错过当初的真爱，终于"不小心"遇到，被失而复得的美好冲昏了头，再次扎进爱情里。

这边厢，林珊珊的相亲更加频繁，失败率也一路提高。她在半年间，断断续续谈了几个，不是态度不认真，就是没有白彦明条件好，总之，恋爱史非常惨烈，有点儿想打退堂鼓的意思。

那边厢，老实巴交的白彦明兴冲冲地跑来告诉林珊珊一个"好消息"，他遇到自己大学时代的初恋女友了。那女人叫谈小月，离异两年，没有孩子。他们在相亲会上相遇，十几年前的感觉突然都跑回来，当初分手也是迫于无奈。两人聊得非常好，周末就去拜见了谈小月的父母，老人对他们这迟来的缘分也鼎力支持。现在，就等着白彦明把离婚证一办，那边立刻能去注册结婚。

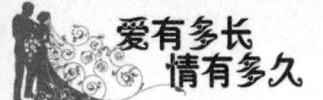

一听这话，林珊珊肠子都悔青了。她从不知道自己老公原来还是抢手货。白彦明兴高采烈地与新女朋友朝夕相伴，实在地将自己的新恋情毫无保留地告诉"前妻"林珊珊，希望林珊珊履行承诺，跟他去办离婚手续。

谁料，林珊珊断然拒绝。"我不反对你与新女友交往，但是必须要等到我找到合适的另一半，才能办手续。"这下子可把白彦明急坏了，他已经见过未来的岳父岳母，嫁妆和新家都在筹备当中，只差定日期啦。林珊珊的出尔反尔，让白彦明很被动，不知怎么跟谈家人交待。他低声下气地求林珊珊，仍没有效果，只能来硬的。于是，白彦明放出话去，如果不同意离婚，那就法庭上见。

林珊珊死活不肯离，还又哭又闹地去婆家，去单位找人评理。结果，事情闹大了，领导怕影响不好，就给他们两口子都放了长假，让把家庭问题解决好后再上班。

气急败坏的白彦明到法律援助中心求助。他拿出与林珊珊之间的协议，咨询如果妻子坚持不肯离婚，是否能去法院起诉？调解员很负责任地告诉白彦明："尽管在协议中约定很多相关内容，不过那些在法律上属于无效条款，根本就不能算数，要想离婚，必须两个人协商好，不然法院也会认定夫妻感情未破裂，禁止你们离婚。"

婚离不成，自然无法与新女友登记结婚，不然他就犯了重婚罪，将受到法律的制裁。没办法，只好拉着林珊珊去调解中心，请调解员帮忙劝说，希望能找到解决问题的最好方式。

扯皮了半年，经过多次调解，白彦明同意把房子、车子和儿子都留给林珊珊。两人供房，积蓄不多，也全给了林珊珊，他只留下两个月工资，和那张工资卡，基本上算是净身出户。

不久，离婚手续办妥。林珊珊尴尬地成为单亲妈妈，白彦明将开始自己全新的生活。当他拿着行李转身要走出家门时，看到儿子乐乐愤怒的眼神。13岁的孩子，懂事了，他恨透了他，始终再不肯叫他一声爸爸。孩子凶狠的目光，让白彦明体会到前所未有的挫败感。

林珊珊独自抚养儿子，生活清贫了许多，但她同样在这场变故中得到成长，成熟起来。白彦明的新婚生活看似滋润，幸福甜蜜，其实不然。

　　与初恋情人谈小月婚后没多久，矛盾频出。刚结婚时，他念着她的好，忍了又忍。但相处时间长了，谈小月依然一副盛气凌人，高高在上的女强人的模样，白彦明什么事都要听她的，她还感觉老公不够进取，太安于现状。"我们单位像你这个年纪的男人都争着评职称，当领导呢。你这么知足常乐，咱们将来的日子可怎么过？"

　　几个月下来，听得次数渐多，耳朵就有些吃不消。白彦明觉得，与林珊珊当年的随遇而安相比，谈小月确实太强势。可路是自己选的，脚下的泡已经磨出来了，现在要当没事发生，哪那么容易！他也不是没想过再离婚，然而，自己是个爷们儿，婚姻并非跑马拉松或玩电脑游戏，不能每次遇到问题都按"again"，重新开始呀！

　　更何况，都四十岁的人了，上次离婚风波在单位的余震还没过去。若再来一回，他可以保证谈小月不是善类，会比林珊珊做的更绝。除非他豁出去后半辈子的事业，否则，领导也难饶过他。

　　试婚需要责任感，而试离婚则要挑战的除了道德底线，还有自己内心那道坎儿。千万别贪图一时的新鲜和刺激，人生的旅途通常没有回程票。

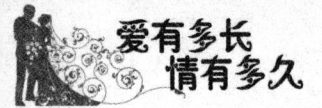

佛说"舍得",有舍才会有得

漂泊中,遭遇的挫折和坎坷多了,心中未免有愤愤不平,但同时也学会了珍惜和感恩。就像一个溺水的人,拼命感动着浮萍的清纯;在生之希望里,体验着命运的本真。自从水中重生的那一刻,萍,便成了女孩儿生命中不可或缺的神。

撇开恍若隔世的缘分,点点滴滴记忆里全然没有了伊人的影子!足见缘分拗不过现实。于尘封的记忆深处,于长长的思念和牵绊里,能否找回原来的你?不重要了。重要的是,知道自己是谁,该干什么。

"有几个像我这么傻的人,我做了那么多事,真的无论如何也留不住你吗?现在都是人走茶凉,你以为我对你百依百顺为了什么?……"男人十分沮丧地叹了口气,便绝尘而去。他失望了,发过脾气就可以拂袖走掉,可她呢,她一个人扛了那么多的事情,想要找个逃避的借口,却逃的如此不从容。

女孩儿含泪沉默着,那沉默里有太多的无奈,她可以将任何身外之物留给这个男人,毕竟他是个非常慷慨的朋友,但仅仅是"朋友"而已。她有自己喜欢的人,尽管那人曾那么深地伤害了她,且留给她一身的麻烦,但她却不想就这样随随便便地找个肩膀来依靠。更何况,他有老婆,说是为她在闹离婚,一点都不为过。俗话讲,宁拆十座庙不毁一桩婚,她可不想当拆迁办的主任。

她曾经的男友像一阵风,那么陌生而特别地存在于女孩儿的世界,他心无旁骛地聆听过女孩儿的声音,直到彼此倦了,他才感慨地对女孩儿说:"五百年啊！是不是太久？"于是，带着他们一起打拼的钱财，可能也是在这个车站，毫不回头地离去。

唯独剩下孤单的女孩儿，和一笔笔历历在目的欠款。是他让她懂得：什么是背叛！世界上最遥远的距离不是天涯海角，而是你骗我钱，我却找你不到！这些她能告诉谁呢，那个男人吗？不，她不愿意再相信男人，繁华的都市那么多人，她竟然也没有可以相信的朋友。

梦还在继续，但心能依旧吗？回首之间，仓促逝去的何尝不是生命中最难割舍的片段。多年之后，唯一不变的，或许是星空，但却不一定是爱情！

女孩儿厌倦了这个城市里的华灯倩影，想过一种宁静淡泊的日子。可就在她行将离去的时候，这个一直被她当作铁哥们儿的，看似豁达的男人，竟会以如此狰狞的面目对她，难道在所谓"文明时代"唯一的过剩产品就是"利欲熏心"吗？"利益"和"欲望"曾经轻而易举地毁掉了她梦幻般的初恋，而现在却又一次像劫匪一样来掠夺她了。两行清泪挂在女孩儿苍白的脸上。

听过太多关于星星的传说，而她能记得的只有一个：伸手摘星未必可得，但它不会脏了你的手。……也正是这个理由左右了女孩儿，在那个寒风飞雪的夜，在那个本该漂泊的季节，终于下了决定，结束漫长的流浪生涯，回到久违的故土，朴素却安逸的家。

离家多年，故乡，纵然是一杯淡雅的茶，这么久也该放凉了。慢吞吞的火车像一只蜈蚣，循规蹈矩地向前爬行着。不停地发出长长的吼叫声，以此来彰显它要穿越时空的野心。两旁的建筑毕恭毕敬地向后退着、退着……

忽闻一阵海啸声传来，女孩儿拿出手机，是条短信息："你是两点半到吗？我和老公去站台接你，天气太冷，就别让你爸妈过来了。"回复完"谢谢"，心里暖暖的。

朦胧是一处风景，雾的背后是冷冷的凄清，而女孩儿的身后只有不能回首的小径。月色，故乡的或许并不比异乡的更浓，心在忙碌时才会渐渐地淡忘空洞。正如女孩儿不了解这座城市一样，这座城市也并不了解她。所以，她最终选择离开。

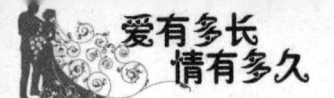

过了好长一段时间，手机铃声又响起，女孩儿略带疲惫地睁开眼，快到家了吧，有可能是小蓉要告诉她已经在等她了。"听说火车晚点一小时四十分，你不用担心，我们会一直等你的。"女孩儿这才发现火车并没有走，而是稳稳地停在原地。想着越来越近的家，女孩儿心潮澎湃，眼圈儿也有些湿润了。

车窗外大雪纷纷飘落，很多人都瑟缩着头，把衣服裹得更紧，可女孩儿此刻却没有一丁点儿冷的感觉。流浪的人，不一定都有回归的一天。可是，只有经历过离合才更清楚自己的位置。人的一生中总会有许多取舍，佛说："舍得"、"舍得"，没有"舍"，又哪里来的"得"呢？学会珍惜的人，才懂得生活；就像是跨越了悲伤，才会了解快乐！

回归的时候才知道，朋友是永远的财富，就像一壶酒，存得越长远，喝着越幽香。放弃旧的环境和习惯的同时，总能得到许多新收获。风无语使得晴空万里，我无语而你心凄然，你无语送我三春暖，引我暗自垂泣……

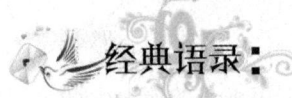

经典语录：

◆ 好朋友似一剂温和的滋阴补气良药，久吃对病体有大益；坏朋友像每天微量的砒霜，当时不会致命，却让人逐渐咳血而亡。

◆ 不要透支友谊，不要透支善良，更不要因为爱情丢了友情。婚姻可能只是一阵子，而没有利益冲突的朋友却可以维持一辈子。

◆ 许多门不只一个出口，在原地等你，恐怕已经等不到了。不如先走，回头，再约个时间，再换个地方相见，或许那时，我们都有了别样的心境。

◆ 纵然昨夜酒店销魂，阳光下衣冠楚楚，谁记得你是何人！网约的恋情，见光死者如过江之鲫，不差你一个。

◆ 有许多人可以陪你分享快乐，却没有几个能与你共渡难关的，如果有请加倍珍惜，若未做到，必定以后会自食苦果。

名草有主，我来松土

小三的鲶鱼效应，对成熟的婚姻只是毛毛雨；对不太稳固的家庭变成了倾盆大雨；而对关系本就紧张的夫妻则是一场冰雹。小三来袭，老婆，你可有重生之获？

小三儿后浪赶前浪,全拍死在沙滩上

当于蕾捧着大学录取通知书站在开往沈阳的列车上时,心情无比激动,终于可以跳出小山村,去过自己向往已久的城市生活了。无论是面朝黄土背朝天的父母,还是嫁为村长妇的姐姐,都为她的出息而庆幸。

火车上的人很多,于蕾第一次出门,又没有座位,被过道的人挤来挤去,加上天气又热,突然就很想吐。终于没忍住,一低头,胃里肮脏的东西就冲向一位男士的裤角和皮鞋,于蕾惭愧极了,连声道歉。对方却一副无所谓的样子,站起身,将于蕾扶到自己的座位上,并递过来一瓶矿泉水,温和地对她说,喝下去会好些。安顿完于蕾之后,他才弯下腰把自己清理干净,接着,又去找人打扫地面。

行程中为了怕别人撞到于蕾身上,或过度摇晃再次晕车,他足足站在于蕾旁边四个多小时充当护卫。下了车,还亲自送于蕾去学校,分别前他拿出名片:"我叫杨易,在沈阳有一家中型服装厂,有什么需要我帮忙的,就打电话。"

大一,杨易时常约于蕾出来吃饭,还偶尔送几件他们厂里生产的漂亮的衣服。他夸于蕾:"简直就是模特身材,穿什么都好看,哪像我的悍妻,胖成一个桶,还总爱乱发脾气,跟她在一起连话都懒得说,更谈不上共同语言。"看着这个侃侃而谈的男人,三十出头,文质彬彬,一表人才,家里却有个如此不堪的老婆,真有些可惜。渐渐地,那种可惜变成了心疼。

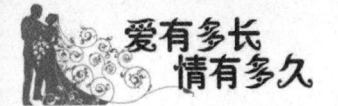

　　明知道爱上杨易是一个错误，但于蕾还是情不自禁地陷了下去。圣诞节，于蕾多喝了几杯，在彻夜狂欢之后，失去自己最宝贵的第一次。回到学校，感觉很丢脸，就故意躲着杨易，很少出校门，他打电话到宿舍都说不在，年终考试结束后，于蕾匆匆地赶回老家，不想让彼此的关系再这样下去，一个大学生怎能成为破坏别人家庭的第三者，那太不道德了。

　　情人节，传达室的大妈说有人给于蕾送花，叫她下去拿。110朵火红的玫瑰，让全宿舍的女孩都张大了嘴巴，那种虚荣心得到满足的快乐，令于蕾记忆犹新。可能正是这种小小的得意，像一只诱饵，将她牢牢挂在第三者的钓钩上。见于蕾不再极力排斥他，杨易表现得更加殷勤，却又处处谨慎地维护，聪明的他绝口不提那天晚上发生的事，而经常找各种借口送东西补偿，还以于蕾的名义给她穷困的父母寄钱。

　　七夕节的时候，他们在西餐厅吃烛光晚餐，看着一对对的情侣卿卿我我甜蜜的样子，于蕾有些迷离，在柔美的音乐声中，不知不觉默认了杨易情人的身份。从此，于蕾的生活发生了翻天覆地的变化，每天与新潮服装和名牌化妆品为伍，经常出入高级酒店和休闲场所，昔日看不起她的那些时尚女生，也因此突然来个180度大转变，改为阿谀奉承，有的甚至希望于蕾能帮忙介绍有钱人给她们认识。真的很好笑，有人竟会为了出风头，而专门去做"二奶、三奶"，这社会怎么了？反正是举手之劳，又能得到些许回报，何乐而不为呢。

　　大四实习，杨易帮于蕾办理了手续，她正式成为他服装厂的一名设计师。其实，于蕾是学计算机专业的，对服装简直一窍不通，可是，为了能和心爱的人在一起，做什么工作又有什么关系！

　　年底的时候，于蕾突然发现自己怀孕了，忐忑不安地把这个消息告诉杨易，他却叫她把孩子打掉。于蕾这才意识到，他根本就不想负责任，以前说过的话都是逢场作戏，想想这几个月来，在老员工那里听到的议论，有点儿心灰意冷。这个服装厂是他岳父帮助组建的，一旦撤走资金，必然会垮掉，就算他的妻子再不如意，也不可能为了外遇而放弃一切。于蕾鼓足勇气，独自来到医院，想打掉这个本不该来的小生命。

宫外孕！医生的话如晴天霹雳，让于蕾惊呆了。幸亏发现的早，不然后果不堪设想，医生开了些药，并建议于蕾尽快准备手术。打手机给杨易，他拒接，办公室电话也没人听，于蕾匆匆赶回厂里，门卫说他和秘书出去了。难怪这一个多月都很少露面，是因为新来的秘书小王。直到很晚，小王才兴高采烈地走进员工宿舍，杨易的车随即在大门口消失了。

于蕾伤心欲绝地拿着杨易给的钱走进妇产科，回忆起这么久以来的相处，真不知道在这场爱情里自己到底扮演了怎样一个角色。但她想，经历这次切肤之痛后，自己的人生必定要重新开始。

住院的十几天里，杨易从没有来看过于蕾，只是让小王送了两次东西。想必现在，他们俩才是走得最近的人，小王面对于蕾时的眼神，就像看失宠的妃子一样，有几分得意和无奈，还多少有点儿同情。

3月18日，于蕾永远记得这一天。她打电话给杨易，说要出院了，想跟他聊聊，把他们之间的感情做个了断，却被狠狠地骂了几句。"那里是医院，又不是银行，这种不吉利的地方让我去干嘛，我们之间早已经结束了，还废什么话？"

然而，小王还是来接于蕾了，她俩聊了很多，同样站在情人的角度，她比于蕾更显成熟沉稳。小王很坦白地告诉于蕾，自己需要钱，家里条件很差，弟妹都在上学，每月一千多块的工资连个人花销都很不够，怎么照顾家人，何况，她不想再回到那个穷地方，只有出卖青春，靠男人多捞几笔钱，存些原始资本，再找个合适的地方去开家店，目前最重要的就是在城市扎下根，以后的生活以后再说吧。

小王的话让于蕾觉得自己很可悲，莫名其妙地浪费了三年青春，除了一堆过时的衣服之外，几乎没有从杨易那里得到任何好处，还在傻傻地一味付出，结果却被他一脚踢开，这份爱情太廉价了。

几天后的傍晚，正当于蕾准备收拾东西离开杨易的服装厂时，突然听到宿舍门口吵的很厉害。一个体态肥胖的女人和小王扭打在一起，嘴里还不停地骂着"小狐狸精""不要脸的东西，你才来几天呀！居然吞了我20万……"。小

王哪里是她的对手，不一会儿就被她揪住头发按在地上，没完没了地抽起嘴巴。院子里站了上百号人，没有一个敢出来说话，更别说帮忙拉住她了。于蕾拖着虚弱的身子，走下楼梯时，看热闹的人已经渐渐散去，小王头发乱蓬蓬的，掉了很多，衣服也被撕破好几处，嘴角挂着血，脸肿得不成样子。于蕾吃力地扶起她，像撑起另一个自己，然后，打出租车去了门诊。

处理完伤口，又输了几瓶消炎药水，回来时天已经很黑，她们相互搀扶着，如一对难姐难妹。那晚，于蕾和小王都没睡，一直聊到天亮，两个人约定，从今以后要善待自己，再也不靠男人过日子。大家都去上班的时候，她俩悄悄地搬出那个留给生命太多痛苦的地方。

计划离开之前，于蕾在和平大街租了一间房子，现在这种情况下，只好邀请小王和自己一起住。

房东太太叫李静欣，是个很和善又热情的女人，每天忙忙碌碌，到了晚上就陪着儿子做功课，有时母子俩一起出去散步，单亲妈妈的生活辛苦而幸福。听邻居说她发现老公有外遇时，痛苦了好一阵子，后来，想清楚了，就主动提出离婚，除了孩子和这套房子，什么也没要。于蕾很佩服她的勇气，但同时，也为自己曾经做过拆散别人家庭的坏女人而感到内疚。

绝地反击，第三者也有联盟啦

在李静欣的帮助下，于蕾顺利找到新工作，她们也成了要好的朋友。常言说，三个女人一台戏，住在同一个屋檐下，同样都是被男人伤害的女人，有很

多可以聊的话题，聊着聊着，就扯到了第三者头上，真没想李静欣会如此宽容，她竟然会同情第三者，觉得男人才是制造伤害的根源。

那天晚上，于蕾教静欣儿子功课时，在电脑论坛里看到很多圈子，突然冒出个想法，成立"第三者联盟"，教婚外情的主角儿们走出爱情和金钱的误区，鼓励和指导背叛者的妻子如何面对新生活。

她们仨商量了一下，一拍即合，李静欣又找来几个她认识的婚姻不幸的朋友，简单地介绍了"联盟"的大体规则和对会员的要求。其实，主要是希望找一些第三者，和被第三者伤害过的女人来互相倾吐一下心声。考虑到现实生活中的面对面，可能会造成不必要的麻烦，于蕾申请了QQ群，还在一些女性论坛上发出邀请帖，每个会员都可以在QQ群里对聊，或者群聊，有什么婚姻方面的问题，大家都能商量着帮她解决。

随着时间的推移，群里的人越来越多，几乎个个都需要帮助，想找个人倾诉，或者出出主意。于蕾和静欣、小王常常帮了这个帮那个，晚上忙得晕头转向，白天还要上班，实在没有精力了，小王提议，干脆做专职的第三者辅导，实施会员收费制吧。象征性地收一点儿钱，免得听别人编故事求助，浪费时间。

第三者联盟开始收费之后，群里发言的人明显减少，但那些真正想要倾诉和帮助的人，是不会因为这些小钱而闭嘴的，她们反倒觉得有了一纸契约的聊天对自己来说更安全，更放心。于蕾研究了许多婚姻方面的法律书，为受害的妻子出谋划策，保障了她们的利益。小王从情人的角度出发，劝说女孩子们通过自己的劳动来赚钱，青春饭终究吃不长久，何况，破坏了别人的家庭，自己也未必就能快乐到哪里去，相反，遭到原配攻击的应该不在少数，不如早些收手，找份合适的工作。

咨询建议的生意越来越好，于蕾索性租下一栋写字楼的格子间，挂上"心情工作室"的牌子，以半公益性质，专门为情人开放，希望更多的纯情男女装着痛苦而来，带着笑容离去。国庆节，于蕾的工作室正式开业了。

网上的客人纷纷走到现实中，她们有的自备口罩，有的选用于蕾提前准备

好的卡通面具，大家相谈甚欢。交流次数多了，干脆除掉掩饰，坦诚地相识相知，成为很好的朋友。有时候一起逛街，聊一些日常的小事，从神情上可以看出，她们对自己曾经的二奶身份已经十分排斥，并开始全新的生活了。于蕾为此感到很高兴，她们时常介绍一些新朋友，有时自己也会来，说是因为错过，容易迷路，跟于蕾谈一谈就会天高地阔。

5月，有个女孩来找于蕾，穿得密不透风不说，还戴着很夸张的墨镜和大口罩，她心神不定地告诉于蕾，她是大学生，爱上了有妇之夫，而且是她的老师，当初很想私奔，可又担心彼此的前途，将来没有学历她根本找不到好工作，老师也会因此被学校开除，永远不能教书。"他说他为了我，什么都可以做，只是怕孩子受到伤害才不离婚，早晚会离的，让我等他。但我快毕业了，面临是否回到父母身边的问题，还有，我曾为他打掉三个孩子，恐怕再有一次，就可能失去生育能力。我想离开，却还是很爱他，怎么办呀？"

"一个可以为了你而跟别的女人离婚的男人，是不负责任的，他同样会因为其他女人而离开你，这样的人，你敢嫁吗？我猜你爱了那么久，也特别想要一个名分是不是？婚姻是爱情的坟墓，但没有婚姻基础的爱情会死无葬身之处，这一点你比我更清楚吧。"女孩儿听着于蕾的话突然就哭了。

于蕾仿佛看见几年前那个幼稚的自己，便敞开心扉跟她谈起自己的故事，女孩遇到知己一般，抱着于蕾哭得稀里哗啦。于蕾告诉她："不懂得珍惜你身体的男人，是不值得你付出爱的，他连你做母亲的权利都想夺走，你对他如此在乎还有意义吗？"

女孩离开工作室前，深深地给于蕾鞠了一躬："谢谢你，更谢谢你的第三者联盟，只有在这里，像我这样的人才能呼吸到新鲜空气……"

星期天傍晚，于蕾正准备锁门下班，有个很帅气的男孩出现在工作室门口。难不成，他也是第三者？一个很奇怪的念头涌上心头，其实，这年月做"鸭"的人也不少，但于蕾还真没有遇到过给男人支招的事情，再说了，自己跟他谈，合适吗？

犹豫不定之际，男孩走上前做自我介绍，一颗悬着的心终于落了地。俞昊，他居然是联盟中一个倾诉者的哥哥，全家人曾经为妹妹的事焦头烂额，亲情也出现裂缝，但自从妹妹来过几次第三者联盟之后，却突然像变了个人似的，对家人亲切了，对反抗声沉默了，在后来的两个月里，再也没有接过那男人的电话，更别说出去约会。

原本以为，这位哥哥是来道谢的，谢过之后就会消失。可是，他每个周末都来，他说："听过你的故事，了解你的现在之后，非常感动。突然觉得，你这样一个女子，身边应该有个支持你的男朋友才行，所以，上帝就派了我来。"

这个理由听起来虽然非常牵强，不过，于蕾还是可以接受的。因为呀，于蕾还想开一个男性工作室，学法律和企管的俞昊，应该是个不错的经营者人选。更何况，时间也可以证明他对于蕾是不是真心。

在帮助这些迷途第三者的同时，于蕾重塑了自己，也赢来一份难得的爱情。或许这就是所谓的送人玫瑰，手留余香吧。

第三者联盟目前战果非常令人满意，它的客户人群也已经不再局限于小三儿，而是面向所有婚外情的畸恋人群和脚踏N只船的受害者们，聆听他们的心声，指引他们正确的人生路，无论快乐忧伤，成败得失，于蕾决定与大家一起携手并肩，坚持走下去。

"鲶鱼效应"同样适用于婚姻

雨季，你有带伞的习惯吗？如果有，就能防患于未然，不会被淋湿。至于倾盆大雨，无论有没有伞，仿佛总能被打湿，全凭自己的信念啦！坚持下来，

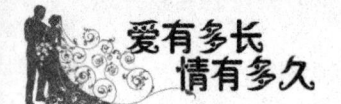

风雨后依然能见到彩虹。面对冰雹,幸免者寥寥无几,一切看造化了。当然,还有爱。只要爱还在,所有的问题,统统不成问题。

刘明诚是雪儿的大学同学兼初恋男友。他生在农村,家庭条件差,考上北京的大学已经让父母欠了不少债,绝不能再叫老人为两人的婚事四处筹钱。

雪儿原本想请娘家出面,哪怕刘明诚倒插门,毕业就先把证领了。可雪儿妈扣着户口本,死活不同意。她感觉刘明诚是个靠不住的男人,女儿若跟了他,肯定会受罪的。雪儿偏不信,同家里闹翻,陪刘明诚住进狭小简陋的出租屋,一个上铺,一个下铺。

刚开始,他俩都没找到工作,零零碎碎做过超市促销,发过宣传海报之类。入冬后,工作更难找。为了不坐吃山空,刘明诚就去街边贴小广告。晚上,刘明诚右手颤抖地举着赚回来的五十块钱,嚷着要请雪儿吃牛肉拉面。那晚他喝了酒,许下不少承诺:"等我有了钱,一定经常带你享受西餐,喝高档红酒。咱穿最贵的定制服装,开豪车,住别墅。雪儿,这半年,你跟着我受苦了……"

刘明诚哭得像个孩子。后来雪儿才知道,贴一张小广告才给一分钱。而她吃的那碗五元的牛肉面,是他躲过城管,贴了500张挣来的。刘明诚拿着钱手抖,不是激动,是累的。

几天后的早晨,雪儿一觉醒来,刘明诚已经不知去向。只留下一张字条:我给不了你幸福的生活,也不想成为你人生路上的绊脚石。忘掉我,开始你的新爱情吧!

认识胥日辉那会儿,正是刘明诚消失整一年杳无音信的时候。妈妈的老朋友给介绍的,又不好不去。他见雪儿沉默寡言,就不动声色地陪着。很会察言观色地给妈妈和雪儿端茶、递水果。临告别之际,忽然把她们叫住,从包里拿出一把伞,说:"雪儿,我看天气不好,预报了有雨,你公司路远,加班别淋着。我会送两位老人回家,放心吧。"

那是那天他跟雪儿说的最长的一句话,却也让雪儿心中格外温暖。从此,他们便不咸不淡地交往着。妈妈常开玩笑:"小胥这孩子不错。小胥,小胥,一喊这姓儿啊，我就觉得离做我女婿不远了。"

在妈妈的极力撮合下，27岁的雪儿结婚了。老公日辉小她一岁，却体贴入微，不喜烟酒，按时回家，更无不良嗜好，应该算得上是个好男人。可就是太小气了，送雪儿的礼物中，没有几件是名牌。婚后还总劝她少买高档衣服、名牌包，那些华而不实的东西对过日子不利。可他的过分节俭，不光是雪儿，有时连雪儿妈都受不了。

日辉患轻微恐高症，诸如游乐场的过山车之类玩意也不敢坐，他像哄小孩子似的，让雪儿自己去玩儿，她有些失望。他不喜欢旅游，每次放长假，都是雪儿一个人背包去浏览不同的城市，形单影只，他从来不羡慕，也不阻挡。雪儿好奇地问："你就不担心我跟别人跑了？"

老公一脸严肃："你不会。"

雪儿俏皮地眨眨眼睛："每回旅游都要花很多钱的。"

他边为雪儿收拾行李边说："知道。读万卷书不如行万里路，出去走走长见识。人总得有点爱好才行。"

可日辉的爱好就是下班后窝在家里，看电视、搞卫生、下厨房。雪儿有时数落他："您这是提前体会退休生活呀！"他也不恼，乐不可支地继续忙碌。哎！这个男人，真是没情趣。

结婚第三年的一天，雪儿突发阑尾炎被送进医院。日辉只陪床两个晚上，就再没来过，直到雪儿出院才现身。要是搁以前，即使雪儿得个感冒发烧之类的小毛病，他也要兴师动众地请假回家照顾，直到烧退为止。可最近这一年，不知道为什么，他加班越来越多，对雪儿的关注度也没有刚结婚那会儿高了，有点人老桂花落的意思。

雪儿怀着对老公的种种不满，无法安心养病，只好把心事讲给妈妈听。妈妈说："你都三十岁的人，为什么一直不想要孩子？难道还惦记着刘明诚？你呀！脚上的泡是自己走的，心里装着别的男人，叫你老公怎么踏踏实实跟你过日子？为他生个孩子吧，这样你们的婚姻就结实了。"雪儿点头默许。

为给喜欢孩子的老公一个惊喜，当他打电话来告诉雪儿要加班的时候，雪

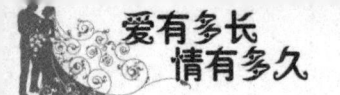

儿特意准备了饭菜送到他的公司。结果，日辉不在，他们部门连半个人影都没有。婚后，这是雪儿第一次发现日辉骗她。

别以为雪儿成天一副无所谓的样子，没心没肺，什么都不计较就好骗。其实，早在去年春节前雪儿就发现日辉不对劲儿，他加班过于频繁，年终奖金也一直没往家里拿，本以为他孝顺公婆了。看来不是，指不定贴补了哪个挖墙脚的小狐狸……

雪儿心情复杂又无精打采地走在街上，后面有辆宝马车不停地在按喇叭。雪儿下意识回头看，刘明诚居然跳下车来，神气十足地站到雪儿面前。"雪儿，几年不见，你好吗？"

雪儿无所谓地笑笑："你都抛下我走了，我好不好，干你屁事！"

"不是，雪儿，你听我解释。当初，我也是迫不得已。发小在深圳做生意，得知我在北京混得挺惨，想让我去帮他。可你家在北京，只有你妈一个亲人，我们在这儿已经过得要揭不开锅了，到深圳会怎么样，我不敢想。所以，我只能自己去。我发誓，不混出个样儿来绝不见你。如今，我成功了，你还愿意嫁给我吗？"

刘明诚的话让雪儿泪水决堤。"迟了，太迟了。"

"我知道你结婚了，可我真的不在乎。我们的爱情经得起考验，只要你能回到我身边，我保证兑现所有之前的承诺。"刘明诚抓住雪儿的手，眼睛里满是真情。他约她去看电影，鬼使神差地，雪儿竟然没拒绝。

七夕节前夕，雪儿跟刘明诚在西餐厅吃1980元一份的情人餐，这是日辉听一听都会把脖子摇断的价格。饭后他们去了一家高档服装店，取他从法国定制的西装。

俗话说：人靠衣装马靠鞍，狗配铃铛跑的欢。别说魁梧健壮的刘明诚，就是身材瘦弱的日辉穿上这衣服，也能长出几分人才。雪儿悄悄向店员询问价格，五万多块呢！刘明诚对着镜子照了又照，非常满意。然后，又请店员帮雪儿试了几套晚礼服，恳请她选一套最喜欢的，周末在他的公司舞会上穿。他想把雪儿介绍给同事和好友们。这让她诧异之余，更多的是惶恐不安。

在试衣间里，雪儿接到妈妈的电话，问她在哪儿？嘱咐周末带日辉回家吃饭。雪儿实情相告，说刘明诚也约了她，还在考虑。电话那头只听妈一声惨叫，手机便没了音讯。

雪儿匆忙换上自己的衣服，着急地往娘家赶，路上不停催促刘明诚开快点儿。不一会儿，妈妈的电话再次响起。原来，她下楼时一脚踩空跌坐在地上，扭到脚了。妈妈让雪儿别着急，她在楼梯上坐一会儿，揉揉就好。可妈妈伤了，现在坐在冰凉的地上，她能不急嘛！

刘明诚跑上前扶起雪儿妈，老太太已经站不稳，雪儿示意刘明诚背起妈妈，他顾及身穿的几万块西装，站在那儿纹丝不动。雪儿急了，想亲自来。妈妈坚决不同意："你阑尾手术刚两个多月，卖力气的事儿千万不能做呀！我还是等我女婿来吧。"见雪儿满脸不高兴，刘明诚终于无奈地脱下外套，背起雪儿妈，送医院。

一系列检查做完，刘明诚那款限量版衬衣的后背已经满是褶皱。在走廊等结果的时候，他眉头紧锁，不耐烦地用手抚平双肩。

日辉从走廊另一头汗流浃背地跑过来，正巧护士吩咐去输液，他从裤兜拿出一叠钱递给雪儿，随手抱起老太太跟着护士就走。"妈，没事吧？哪儿难受说话啊，别心疼钱。"

老太太乐呵呵地勾住日辉的脖子："听我女婿这么说，心里敞亮，哪儿都不难受了。"

雪儿无奈地望一眼刘明诚，跟着老公进了治疗室。把妈妈安顿好，雪儿开始指责日辉。"你干嘛去了？妈出事，打你手机不在服务区，办公室电话也没人接。"

"可能信号不好，我进山了。元旦的时候认识一个做大理石雕刻的朋友，感觉这行投资不错，我就把年终几万块奖金和原先存的私房钱凑了十五万入股，这半年多下来，翻了一倍，我正准备多投一些呢。压那么多钱，必须先到山里做个调查摸底……"

"好你个胥日辉，竟敢瞒天过海，私藏小金库！"雪儿嗔怒。

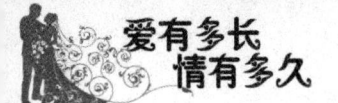

"没有，没有。就以前的积蓄没完全上交，还有平时从牙缝里省下来的饭钱，烟钱。怕你不同意，也怕自己赔了，才不敢跟你说。看着人家老婆吃燕窝，穿香奈儿，住大 house，我知道你眼热，我也想让你过得幸福，所以得先把钱的问题解决了。"

日辉还告诉雪儿，他没有什么狗屁恐高症，也不是不想出去旅游，就觉得那些玩意儿结婚前是浪漫，结婚后就成了浪费。他们婚后一直住在五十多平的小房子里，将来总会有孩子，两人都是独生子女，老人不能永远身体健康，没病没痛吧？万一以后老人病倒，孩子还小，他俩又住的远，小房不能把老人接来照顾，可怎么办！于是，他瞒着雪儿，偷偷去赚钱，是想换大房子呢。

听着老公的叙述，雪儿的眼泪夺眶而出。"老公，对不起。我误会你了。我还差一点……"

日辉为雪儿抹去脸上的泪痕，笑着说："差点儿什么呀，差点儿？傻丫头。我知道，你嫁给我的时候心不甘，情不愿。这几年，你一直惦记刘明诚，我现在的条件也不如他，如果你还爱他，就……"

雪儿用吻封住日辉的嘴，随他怎么想，反正自己是个没心没肺的人，不念旧情，只恋新欢。就让刘明诚只当他们夫妻关系中的那条鲶鱼吧，会赚钱又顾家的老公格外帅气。

事后，雪儿给刘明诚发了条短信：放手成全，方显大爱；你若安好，我便祝福！

原谅出轨也需要速度和智慧

出轨的爱情，应不应该被原谅？换句话说，什么样的爱才足以让你对背叛自己的人不计前嫌呢？为孩子不落在后爹后妈手中，为老人不跟着自己劳心费神，那些都是屁话。如果你对他（她）已经彻底死了心，给钱也不想多看他（她）一眼，还会为那堆所谓的破理由，丢不开，抛不下吗？

每个勉强看得过眼的男人都具备外遇的条件和工具，其中的受害者也未必只有女性。前几天网上才播出一段新闻：妻子偷情，丈夫当街砍死小三儿。

且不说这小三儿有多罪大恶极，也无须追究出轨是妻子的责任，还是奸夫的引诱。咱们只简单谈谈这位杀手老公。当他在酒店抓到妻子偷情那一刻，有可能脑袋短路，一时气糊涂了，追着奸夫打。但这作为凶器的刀子哪来的？肯定不是临时耍戏法儿变的，这哥们儿有备而来啊！既然如此，他有空设计抓奸，有空准备凶器，为什么就没时间动脑筋想一想，为了个给自己戴绿帽子的坏女人，和提上裤子就不打算负责的野男人，犯得着顶个杀人的罪名，让原本清清白白的自己在监狱里度过余生吗？不值得呀！

有时候，内疚也不失为维系爱情的一种好方法。准新郎施莫凡在同学们为他举办的告别单身派对上被损友下了药，与始终暗恋他的女同学杨旸发生关系。第二天上午，施莫凡揉着疼痛的头醒来，望见睡在旁边的女人，正不知所措之际，未婚妻田雅打来电话。说他明天要在婚礼上穿的那套西装配领结不好看，自己买了条领带，让闺密小露给送过去了。

施莫凡刚挂断电话,外面就响起门铃声。他慌忙摇醒杨旸,两人还未来得及穿好衣服,小露甩着田雅的钥匙已经走进客厅。"结婚前一天新郎新娘不能见面,这是什么破规矩呀?马宣,你说我要把这领带放在哪儿才比较显眼,要不放卧室吧。"

小露和马宣通过敞开的卧室门看到里面的战场,立刻傻了眼。小露回过神来,抓起包包就往杨旸头上砸。"你这个狐狸精,人家明天就结婚了,你还惦记着呢!看我怎么收拾你。"利落的小露好一通拳打脚踢,杨旸招架不住,摔倒在地。

马宣抱住小露:"亲爱的,不发火呵,生气不漂亮了。"他以眼神示意杨旸快走,然后转身对施莫凡说:"表哥,这怎么回事?"

施莫凡无言以对,只得实话实说。在表弟马宣的干预下,闺密小露虽然忍得很辛苦,却也没有把这事儿告诉田雅。第二天,两人照常举行婚礼。

马宣是伴郎,他很称职地为新人挡酒,可最后,新郎施莫凡还是喝高了,他追着新娘到后台,扑倒在田雅脚下,含着泪说:"田雅,我对不起你,……"话才说到一半,马宣就麻利地跑过来,拉起施莫凡,并向田雅解释:"我表哥喝醉了经常乱说话,见到谁都道歉。表嫂你可别生气呀!我先扶他去休息一下。"

哎!有钱就是任性。贫穷如小露,在孤儿院长大,从高中到大学,尽管田雅帮了她很大的忙,甚至阔少马宣都是通过田雅认识的。然而,如果把爱情和友谊放在天平两端,看在她目前读研受马宣资助的份上,爱情这边的分量还是要重一些。当然,这不算叛变,万一田雅知道前晚的事儿,结不成婚,让心怀叵测的人看笑话,乘虚而入,那才是本世纪最大的悲剧。

然而,他们都不知道,精于算计的狐妹子杨旸早已找田雅谈过话了。田雅心中五味杂陈,表面却异常平静。她笑着告诉杨旸:"男人嘛,结婚前做些荒唐事很正常。筹备婚礼也挺累的,莫凡要寻点刺激,跟随便的女人搞搞一夜情什么的,权当放松一下吧。我相信,他婚后能做个好老公。"

杨旸气急败坏地离去,田雅把自己关在房间里,足足哭了半天。之后,她好好睡了一觉,第二天当什么都没发生似的去结婚。

既然还爱着,两人又与婚姻扯上了关系,那么原谅出轨就需要速度和智慧。否则,只能去换本儿。她不想当怨妇,更讨厌悲哀的结局,索性努力让自己忘掉伤心的记忆。还好,婚后施莫凡仿佛抱着一种赎罪的态度,对她特别上心。使田雅对这段婚姻充满了希望。

老婆只有一个,要省着点儿用

谁说破坏夫妻关系的小三儿必须是个人啊,它完全可以是电脑游戏,是手机,是辆车,是任何你极力反对,而你的另一半却非常痴迷的嗜好。茉雪的老公就是个飞车族,因为这个冒险的嗜好,两人还差一点闹掰了。

随着中国汽车保有量的逐年提高,横冲直撞的马路杀手也在与日俱增。我国从2001年至今,每年死于车祸的人数达10.4万人,居世界第一位。

"路怒症"和"飞车族"的兄弟姐妹已经不在少数。茉雪老公就是其中之一,总不能因为这事儿天天吵架吧。茉雪冥思苦想,始终找不出什么制止的好办法。直到参加了"仿真模拟被撞"实验,老公的心态和激情才彻底扭转。偶尔看到马路上跳出一辆要 high 的汽车,都不屑地送一句:"丫有病。玩命呢!"然后,两人就不约而同地笑。

吕玉峰是典型的理工科男人,大学毕业后,他最大的梦想就是有辆属于自己的汽车。可以驾着它带茉雪四处去兜风,小天窗一打开,倍儿酷。

2010年初,夫妻俩在北京打拼了四年多,省吃俭用存下十万块,打算结

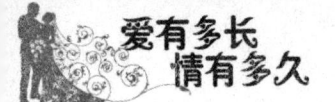

婚。吕玉峰的意思是婚礼越简单越好，找个干净宽敞的小酒店，请双方家长和亲戚朋友一起吃顿饭，领个证，也就算了。什么迎亲车队、婚礼司仪和专业摄影师，那要花很多钱，没必要。找朋友同事帮忙录像，喜欢要漂亮照片留念，不如直接去婚纱店里拍，有折扣，还能免费提供服装。

这些茉雪都能忍，婚礼精简一点，总比裸婚强，OK呀。但唯一不能忍的是，吕玉峰想把节省下来的钱拿来买辆车。是可忍，孰不可忍。他们现在还住着出租屋呢，眼看仨月后就要办婚礼，难不成让亲戚朋友到这十几平米的小房间来庆祝？只能放下两把椅子的地方，大家转得开身吗？

茉雪已经看好郊区的一栋二手房子，虽然远点儿，却有七十多平，首付才十万。房间里还有简单的家具，几乎是搬过去就能住，连装修都省了，特别适合他们这些钱少又渴望有个家的年轻人。

吕玉峰不乐意，着了魔似的要买车。一个周日，他竟然把人家4S店的试驾车开回出租屋，并在楼下大喊茉雪的名字，让茉雪出去陪他试车。那表情，就像个暴发户，特没涵养。

见茉雪迟迟不肯下楼，吕玉峰不耐烦地拨通她的手机。"哎，你这人怎么回事儿啊？我都把车开回来了，人家销售顾问还等着呢。就让你下来试坐一下，有那么难吗？反正我觉得不错，你不给意见我就做主，买这台了。"

"我告诉你吕玉峰，你要是把车买了，咱这婚就别想结了。"见茉雪真的发火，他才让销售人员开车离去。等吕玉峰灰溜溜地进屋时，茉雪委屈的眼泪已经如断线的珍珠般收也收不住。

"你喜欢汽车，我当然知道。可是，咱们办事儿总要有个轻重缓急，不能光为自己着想，将来有了孩子，总不能继续住出租屋吧。再说了，现在房价涨得这么快，好不容易有这么一套不错的二手房，过了这村儿，怕就没这个店啦……"茉雪苦口婆心地劝吕玉峰，他见买辆车这条路实在行不通，也就不执着了。

虽然，买车还是买房的争议就此告一段落，但茉雪知道吕玉峰的心里痒得难受。于是，茉雪跟他约法三章，等他们的积蓄再存够十万的时候，首当其冲的事就是给他买车。

　　结婚近两年，不知道是爱车作用，还是成家后有份责任感，吕玉峰事业上出现突飞猛进的飞跃。他从普通的程序员，升到小组长，之后又接手一个很大的项目，因为表现好，受到老板重点提拔，晋升为技术部副经理。可谓每年上一级新台阶，春风得意马蹄疾啊。

　　几番升职加薪，让他很快攒够了钱。2011年春节前夕，趁着搞车展的时候，吕玉峰拥有了他平生第一台车，标致307。爱车开回家那天，他脸笑得跟花儿似的，那高兴劲儿就甭提了。茉雪讽刺老公，说车是他的二老婆。

　　也许是人逢喜事精神爽，老公开起车来像一溜烟，别提多快了。他每天像忠实的护花使者，乐颠颠地送茉雪上班，接茉雪下班。还不停地跟茉雪显摆："踩着油门儿，听着小曲儿，风从车窗吹过，坐在二老婆身上，想哪儿玩哪儿玩去，这叫一个爽。"

　　茉雪打趣儿取笑他，泥腿子进城了。其实，吕玉峰没毕业就拿到了驾驶证，刚上班那两年，又不是什么业务骨干，光给领导跑腿开车了。后来，随着技术的不断进步，领导看到他工作上的优势，这才把抓差司机的活儿交给别人做。

　　正想着，茉雪突然感觉车身一晃，吓得赶紧抓住头顶的扶手。原来，有辆电动车冲出马路，吕玉峰的车速太快，刹车不及，只好猛打方向，绕到电动车后面去。茉雪斜眼看了一下里程表，这么车多人挤的闹市区，吕玉峰竟然开到50迈，这不是开玩笑嘛。

　　"老公，慢点，慢点。"茉雪不停地叮嘱，吕玉峰却完全没听进去。茉雪急了，跟他大喊起来。他莫名其妙地看着茉雪，有点委屈地说："开车不就是为了快吗？如果比电动车还慢，那浪费这汽油干嘛！"

　　自从有了汽车之后，茉雪家的作息时间表整个都改了。两个人都在五环附近上班，很少堵车。早晨，不挤公交可以多睡半个多小时，尤其是吕玉峰，他不到最后一秒钟坚决不起床。一看时间到了，必定又开快车。茉雪反复制止劝说，甚至迫使他停车，然后甩门而去，从此两个人卷入无休无止的争吵中。茉

雪就纳闷了，飞车真有那么爽吗？爽到不顾自己和家人的生命安危了？

冷战两个星期，老公主动道歉，并答应以后尽量改正，茉雪就原谅了他。谁料，江山易改，禀性难移。才一个多月，他就原形毕露。

有一天早晨，茉雪下楼才想起有文件落在家里，就跑回去拿。老公急得直按嗽叭，茉雪刚拉开车门，还没有上车，他已经等得不耐烦，挂了挡，慢慢开始往前滑动。见车突然动了，茉雪一慌，脚下没站稳，本能地使劲儿抓住车门。这一抓不要紧，被带了一个趔趄，结果就把车门角最尖的部位磕到耳垂前方的侧脸上，血顺着脖子流淌下来。

着急了半天，他们谁也没上班，直接去医院。茉雪脸上划出大约一寸长的口子，最里面比较深，需要缝两针。医生话音刚落茉雪就急了。"吕玉峰，你给我出去，抱着你的二老婆过一辈子吧！我要跟你离婚。"

"老婆，我错了。以后我保证只爱你一个，只疼你一个。原谅我吧。从今儿起，我独自做两个月家务。行吗？"

骂也骂了，罚也罚了，又能怎样？明知道老公是无心的，茉雪受伤，他真的很心疼，那份爱做不得假。见老公可怜巴巴地跪在沙发上，一口一口地喂她吃饭，茉雪心也就软下来，之后再没提离婚的事儿。

之后，老公开车也真的开始有些节制起来。他还主动教茉雪练车，鼓励她去考本儿。说这样的话，将来茉雪就可以自己开车出门，不高兴就能把他这个司机 Fire 掉。

几个月后，茉雪拿到驾驶证，老公真的让茉雪开车了。只不过，茉雪技术太烂，像乌龟一样在马路上爬，惹得不少司机发疯似的按喇叭。这次，茉雪终于体会到老公开车的辛苦，但还是不太认同他危险驾驶的做法。至少茉雪开得慢不会碰到东西，擦到马路牙子啊。

说这话还真有点早。周六，和老公出去逛街，茉雪开的车，人太多，手足无措间就托了底，侧面还刮伤。幸亏老公用力打了一把方向盘，不然肯定撞到保险杠。

茉雪家"小狮子"才买半年多，已经擦伤了四五回。"这张英俊的小脸儿，平均一个多月毁容一次。这也太频繁了吧。"开去补漆的时候，4S店的师傅都心疼了。茉雪有点不好意思，如果有不出事故的方法，多花钱茉雪也愿意。

其实，只有这次划伤是茉雪的责任，其他时候都是老公干的。吕玉峰有六年驾龄，技术也算不错。之所以频频出状况，归根结底与飞车有关。茉雪提醒过，骂过，威胁过，可是没用，他已经学会当两面派，茉雪在车上的时候能忍就忍，尽量放慢速度。一旦自己开车，那完全是没有管束的自由天地任驰骋。

总不能就因为这事，两个相爱的人真去办离婚吧。可他就是铁了心像抢头彩一样地要抢那一秒钟。怎么办？茉雪心里急呀，多么害怕下次需要维修的不光是车，还有他。

4S店的师傅笑笑，提醒茉雪，像吕玉峰这种人，强制改正不行，需要潜移默化地慢慢引导。在师傅授意下，茉雪打算找家大型汽车内饰专卖店，买些好玩的提示性车贴，变相教育一下老公。

周末，茉雪去车饰店选了两个比较搞笑的贴纸。"人生可短暂了，油门一踩不松，一辈子就过去了。"还有一个是"车与老婆，恕不外借"。付款时，老板娘冲茉雪直乐："你老公八成是性情中人，又喜欢开快车。"茉雪惊讶地瞪大了眼睛，瞅着她，心想这女人会读心术啊！

老板娘倒也直爽："妹子，不瞒你说。我爱人原先是赛车手，飚车最狠的时候，小命儿差点儿就没了。儿子刚满月，我就咬牙开的这家店，就想让更多马路杀手在大祸酿成之前早早收兵。"说着，她递给茉雪一张宣传单，上面写着：汽车模拟驾驶舱道路训练与被撞体验。

原来，这不仅是家车饰店，还办理驾校代报名和汽车仿真练习。听说是从国外进口的设备和软件，还有一套专门针对危险驾驶人群的"被撞体验"系统。让人充分体会到灭顶之灾来临时的真实心情……

茉雪看完宣传单，迫不及待地问老板娘："什么时候可以参与体验？他们家周六是家庭日，老公基本上这天都有空。"老板娘帮茉雪预约到3月第三个星期六，并要茉雪准备全部近亲家人的多张电子照片，和一份详细的家庭成员

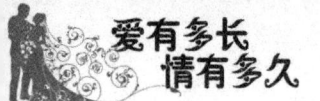

简介，及联系方式，发她邮箱。

吕玉峰这周居然出差，周日下午三点多才回到家。再往后就是清明小长假，他们早说好自驾游，门票都在网上订了。茉雪嘟起嘴巴，跟吕玉峰生气。他却不以为然："老婆，别闹啦。花钱买'被撞'经验，有意思吗？不如想想我们出去玩儿要带点什么？这几天你下班后准备一下。"

2013年4月1日，小两口开车从北京向坝上草原进发。一路上，吕玉峰的心情极好，省道没监控的地段，车速上到180迈，茉雪的心始终扭成团儿，生怕发生什么事。

就在这时，突然从前面的路口横着冲出一辆捷达，来不及转弯就闯到了内侧车道。吕玉峰一看不好，立刻向左打方向盘，猛踩刹车，玩了一出漂移。捷达的司机仿佛刚看到他们，也迅速向外侧车道转向。吕玉峰险险地稳住方向，幸亏这条路上车少，两辆车一横一斜，几乎同时停下，离碰撞只相差一臂之遥。

捷达司机下车赶忙道歉，茉雪看着他，火就不打一处来。"道歉有用要警察干嘛？如果今天给我们撞得见上帝了，一句'对不起'能活过来吗？别拿赶时间当借口，若命都没了，钱再多有什么用？天堂的时间永远用不完，对生者来说有意义吗？小兄弟，我给你讲，你要是出事，什么钱财，老婆孩子，全成了别人的……"

茉雪是温柔似水的江南女子，第一次向外人发这么大火，着实把老公吓一跳。面前的小伙子可能也吓到了，额头一层细密的汗珠。茉雪再没有勇气讲下去，怕自己会说出什么更难听的话。临走时，茉雪把汽车贮物箱里那份揣了半个多月的"被撞体验"宣传单转送给他，外赠一张老公嫌太小家子气的"人生可短暂了，油门一踩不松，一辈子就过去了。"车贴，奉劝他要珍惜生命。

人生短暂，油门一踩一辈子就过了

以前，吕玉峰是彻头彻尾的飞车族，在全公司都是出了名的。送茉雪上班时，茉雪曾多次见他盯着绿灯倒计时猛踩油门儿，车胎轧过停车线时，黄灯2秒，"嗖"就过去了。每当此刻茉雪总提心吊胆，为他捏一把汗。而吕玉峰却不以为然，口中还振振有词："时间就是金钱，不抢这2秒就要停80秒等着，我每天穿梭几十个路口，算算这一年下来，光花在等红灯上的时间少说也有十来天啦！"

就这么个能算计的人，他怎么可能在无关紧要的事情上浪费时间！住在坝上这两天，险些撞车那一幕像放电影般在脑子里不停地闪过，茉雪始终闷闷不乐。第三天大清早，醒来时老公已经打好行装，准备回京。他居然说："老婆，快点起床。中午到家还能小睡一会儿，然后陪你去玩仿真'被撞体验'。"

没听错吧！茉雪有点喜出望外。"以为你不会去了呢，怎么突然改变主意？"

"来的路上已经差点儿真的被撞，现在我还怕模仿的吗？说不定能从那个软件里积累躲避经验呢。何况为让老婆大人高兴，上刀山下油锅，小的豁出去了。"吕玉峰扮个鬼脸，让茉雪笑得合不拢嘴。

"啊，对了。要跟老板娘预约的。"

"放心吧，已经约好了。"

下午三点左右，老板娘把吕玉峰和茉雪带进一间暗室，在只有几平米的狭

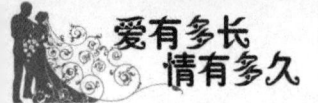

小空间里,放着类似家庭轿车操作台与前排座椅的全部设施。油门,刹车,各种仪表,方向盘,档杆儿,行车电脑之类一样不少,还有前挡风玻璃和汽车前排门窗。从外观看,就类似一辆真正的汽车,但里面却大有文章。

墙上一面超大的3D液晶电视,刚好覆盖挡风玻璃的全部视角。老板娘告诉吕玉峰操作要领,如何选择在城市街道和其他路况下切换。所有内容都能在屏幕上一目了然,而坐在驾驶舱里往前看,就好像那些都是挡风玻璃外面真实的景物一样。

吕玉峰"开着车"在城市里闲逛,茉雪拿着标有几个目的地的手机大小的模拟导航,查GPS,指挥他走哪条路,20分钟大概到哪儿,半小时后又去哪儿。吕玉峰越来越不耐烦了。他的车速在提高,等红灯也左顾右盼,仿佛时刻准备着变道超车。眼看着一辆辆汽车被吕玉峰甩在后面,他开心地边播音乐边欢呼。车子一路开出城区,在外环路上急驰,十字路口又是绿灯,吕玉峰就没有减速,开到一半红灯亮了,有辆大货车从右侧垂直冲过来,吕玉峰本能地想右打方向盘躲过去,却一脚刹车没踩住,钻到了货车尾巴下边,前面的挡风玻璃全碎了,噼里啪啦往他们身上落。吕玉峰本能用胳膊护住头,将茉雪按在怀里。

待一切安静下来,他们抬起头,看到的竟是一辆红色小狮子撞扁了前脸,支离破碎的惨状。吕玉峰惊呼:"老婆,那不是咱家的车吗?你看车牌号,一模一样。"

接着,屏幕切换到新闻模式。"观众朋友们,今天下午四点多,在五环附近昌平路的十字路口处,一辆车牌号为×××的红色标致,撞上大卡车尾部。标致车内一男一女,均有外伤。其中男子左侧颈动脉大量出血,需要急救,女子怀疑有脑震荡,送往医院途中已处于深度昏迷状态。"新闻播出同时,茉雪和老公的照片赫然出现在大屏幕上,让茉雪不由得打个机灵。

茉雪狠狠掐了自己一把,以确定那不是真的。老公也有同样的困惑,他居然抡起胳膊,给了自己一个大嘴巴。口中念叨着:"活着就好,活着就好。"然后情不自禁地摸摸茉雪的头。"老婆,只要咱们都活得好好的,就行。对吧?"茉雪含泪点点头。

此刻,镜头已转到医院,病房门口公公婆婆哭的死去活来。茉雪娘家的父母不知什么时候也赶到了,"茉雪"躺在雪白的被褥里,身上插着各式各样的管子。妈妈坐在茉雪床边哭,爸爸和公婆在外面,守着手术室的门。

突然,红灯熄灭,手术室门开了。一个从头到脚蒙着白布的人被推出来,婆婆跑上前,掀开一看,就晕了过去。吕玉峰的脸已经面目全非,从衣服、手表、戒指等特征能认出,那就是他。公公跌坐在地号啕大哭,护士怎么拉都不起来。茉雪的心纠结了,偷眼看看老公,这个平时刚强的男人,如今已是满脸的泪。都说男儿有泪不轻弹,只是未到伤心处呀!茉雪这回算是领教了。

接下来,便是"吕玉峰"的葬礼,和"茉雪"被医生宣布可能永远成为植物人的噩耗。片尾曲是那首为13岁小女孩而作的《天堂里有没有车来车往》。九月的天空,依稀晴朗,阳光下许多故事缓缓酝酿。车来车往,车来车往……

在张恒轻盈苍凉的歌声中,不知是酒驾的,还是飞车的,一幕幕各式各样惨烈的车祸场景被做成幻灯片,一张张在他们眼前闪动,定格。其中不少车子都卷了饼,胳膊和大腿飞出很远,几乎每张都触目惊心,惨不忍睹。还有个画面,是父母用身体护住个一岁左右的孩子,那孩子小手上满是血,爬出破碎的车窗,坐在翻倒的车门上,用懵懂的眼睛打量着世界。

这一幕,让茉雪泪如涌泉。还未来得及看到最后,茉雪已经吐得不成样子。吕玉峰的脸也变得扭曲,他搂着茉雪,冲出暗房,在洗手间的水池里猛吐。

茉雪不顾脸上的水和泪,突然抱住吕玉峰的后腰,放声大哭起来。哭过一阵儿,哽咽着说:"我这辈子永远不想再见到那种血肉模糊的照片,更不敢想象,如果你在其中,我的未来要怎么办。请你一定答应我,以后,永远别开快车了。行吗?行吗?"

吕玉峰连连点头。"放心吧,老婆,你为我上的这一堂课,我会受用一辈子。这真是一脚油门,一脚人生呀!我发誓,肯定改,马上改。"

老公说到做到,他开车的确收敛了很多。只不过,茉雪从车饰店回家后,十几天来，胃总是不舒服，老想吐。吃过一些胃药，见轻，却没见好。

吕玉峰知道后，硬是从公司把茉雪拉到医院检查，看看老婆是不是被吓出了毛病。医生询问一番，又让茉雪验尿，最终确诊。她怀孕了。可能是前些天连续受到惊吓，多少有点动了胎气，医生建议茉雪住院静养几天。

刚将茉雪安顿好，吕玉峰的手机铃声大作，竟然是先前去坝上半路遇见的捷达哥们。他说，自己也体验了一把"被撞"，从老板娘那里得到茉雪的电话，特地打来道歉并感谢。还说希望有机会请茉雪和老公吃顿大餐。吕玉峰怕茉雪和孩子受到辐射，特地将手机放得较远，接电话用免提。吕玉峰瞥一眼手机，对他说："现在就有机会。"随即开车出去。

茉雪怕出事儿，打了辆出租紧随其后。远远看见吕玉峰走进车饰店，不一会儿，跟个男人勾肩搭背地走出来。迎面碰上茉雪，都吓了一跳。"你怎么从医院偷跑出来啦？"

"担心你们打架。"老公听完乐了。"我来买车贴的。顺便叮嘱这小兄弟一声：若是人没了，什么老婆、孩子、房子、车子、票子，都成别人的啦！我媳妇说的话，那绝对是真理。"吕玉峰摊开手，还是那张"人生可短暂了，油门一踩不松，一辈子就过去了"。

孺子可教也。看来，茉雪和孩子未来的幸福生活，很有门儿！

好女人有让自己幸福的能力

哪有什么完美婚姻，你得有能力让自己幸福。这其实也不难，老祖宗已经教诲过了，就是男主外，女主内。我理解的大意是：在外面，给足男人里子和面子，就算明知道他是错的，只做友善提醒和从旁修复弥补的工作，不可当场否定他，更不能玩事后君子，拼命唠叨；家里的事情或跟夫妻俩有关的，尽管让女人去做主，去发挥，只要没有过分到无法忍受，就随她去吧。即使新婚不久，这毕竟也是她的家呀。爱她，请选择相信她。

美国艾奥瓦大学心理学家弗戈等人做过一项研究，发现女性在做决定和讨论问题时拥有更多的权力是和谐婚姻的标志。他说："男人无论是何等重量级人物，尊重妻子，就有了坚实的家庭后盾。婚姻是妇女能够发挥权力的地方。"

斗智，教他主动交出家政大权

以前大家都认为，妇女多半是在相夫教子，由男人来挣钱养家，因此觉得，男人在家庭中拥有更多对大事作决定的权力理所当然。

当今社会，女人们的地位一天天提高，她们在商场上厮杀，在格子间拼搏，在城市里穿梭，几乎处处可以找到成功女性的身影。更何况，女人是天生的指挥家，在她们的骨子里，就是喜欢被人尊敬和重视的，你若让她做了当家太太，有了主动权，保证她感激涕零，会把男人服侍得妥妥帖帖。

然而，有些男人就是愿意紧握家政大权不放，买多大的房，买什么样的

车，都他说了算，老婆的意见左耳听，右耳就出了。有时碰了壁才会想起女人的话，晚了。所以，好老婆要善于引导老公，想方设法，旁敲侧击，威逼利诱，使他主动交出家政大权。哈哈，至于最终能用什么方法搞定，因人而异，自己去实践吧。

老婆当家，决不浪费每一分钱

女人天生善于理财，特别是名花有主的女人，她们对衣服大都没有太高的要求，漂亮就好。消费奢侈品，那是不知柴米贵的小姑娘、富二代或豪门媳妇干的事儿。寻常人家，满身名牌不解饿，房贷也不会少一毛，何必在月底断粮时玩心惊肉跳？

衣服品牌是给别人看的，穿着美丽是给自己看的，外表光鲜能让人心情愉悦，但谁的钱包瘪了，谁自己知道。

很多男人花钱没有底线，喜欢随心所欲，多了多花，少了就少花，没有则不花。女人则比较理性，善于平均分配，每笔进账每一笔开支都心中有数，每个月该存入银行多少钱，该买多少基金，留多少作为生活费，称职的老婆都会提前做好预算，一般很少超支，就算超了，数额也不大。

爱家的女人大多精打细算，买东西总是利弊权衡，货比六家，唯恐吃亏似的。仿佛她们天生比男人节俭，虽然看上自己喜欢的化妆品偶尔也可能失控，但在日常生活中很少大手笔乱花钱，因此，在无形中节省了不少开支。

另外，女人掌管钱财，男人如果花心，即使有贼心贼胆也没资本投给别的女人，只会一心一意对自己老婆好，如此一来，野花野草无可乘之机，家庭自然稳定。

做家务不是女人专利，却是强项

一般的家庭聚会，都只看到女人在忙活。男人们扎在一堆儿，侃侃而谈，什么国际形势、足球赛况之类，说得激情澎湃，手舞足蹈。话到动情处，便开始推杯换盏，不顾女人手头的事有没做完，上没上桌，几盘子菜可能就见了底儿。女人好不容易闲下来，男人们却酒足饭饱了，每人要一杯茶水，看电视。收拾碗筷，打扫战场的工作还要留给女人。

很多妻子是任劳任怨的，但不代表做着高兴，如果在这种情况下做丈夫的可以多给她一些关心，哪怕仅说上几句夸奖或者感激的话，女人定然会像充满电般，干劲十足。

当然，有人会说，干嘛不在外面聚，吃饭店可比自己做省事儿多了。您想过卫生问题吗？油的事儿咱放一边儿，多吃味精会致癌，小孩子的食物不适合放孜然等，诸如此类，每个喜欢做饭的贤妻良母都懂的。

一份细心，一点爱，多听多做

常言道：女人心，海底针。这不光是说她难以捉摸，更有一层深意：女人的胸襟，有时候像大海一样宽阔，而有时候，却如绣花针般纤细。

一年四季，家人需要哪些衣物；孩子生日或节日，想添啥样的书籍和玩具，老人家应该买什么保健品提高免疫力等，这些事，女人总比男人考虑得周到，而且做起来也得心应手。不会大大咧咧地做了这件落下那件，顾此失彼。把自己培养成独当一面的家庭主妇，将家人打理得井井有条，少了你别人都玩儿不转，才更能显示出你在家里的重要性。

女人还有个优点就是实际，她们善于在飞短流长中交流经验，男人们忙着谈工作，或聊一些不着边际的新闻要事时，女人则坐在一起谈论些家长里短，让前车之鉴成为后事之师。同时，还聊些教育孩子的心得，治理小家的经验，汲取别人之长，弥补自家之短，如此一来，婚姻之树方可长青呀！

好女人从不"死要面子活受罪"

女人的面子观念相对淡薄，她们懂得如何保护自己的家庭，知道什么时候进退，这种分寸不会因了谁而动摇。

朋友瞒着家人借钱，亲戚的亲戚找工作，把兄弟出差二奶需要关照，此类种种吃力不讨好的事儿，男人碍于面子，总不好拒绝。女人在遇到这种情况

时,首先考虑的是家庭利益,朋友是不是可靠?亲戚的忙该不该帮?如果借钱不还怎么办?后院起火能不能救?权衡利弊以后才决定答应与否。一般不会盲目从事,给家庭造成不必要的损失。

所以,还是得让女人当家。这样男人就可以从琐事中解脱出来,一句"这事儿得问问我老婆",既能轻松脱身,又不会得罪人,两全其美,何乐而不为之呢!

身为一个女人,要想过得快乐,活得洒脱,你必须要有让自己幸福的能力。用句玩笑话来说:要斗得过小强,打得赢色狼,出得了厅堂,入得了厨房,帮得了事业,拼得过通胀。做个精致的老婆,如下几点可以借鉴。

一、不要轻易怀疑你的男人,他在外面打拼不容易,有时真的只是逢场作戏;

二、如果他铁定对不起你,切记不哭不闹,用心想想,但就算笑着,也绝不能对他客气;

三、夫妻矛盾多数没有大事儿,而离婚通常是因为小事引起的,要注意沟通;

四、有钱不代表幸福,幸福时也可以很有钱,别用钱多钱少来衡量男人有没有出息;

五、你发现老公对你没有以前好了,请先从自己身上找原因。

经典语录:

◆ 一场地震让我们失去的不只是几座城市,更是一种文化,一片乐土,无数的笑脸和家。一场突如其来的婚姻地震,让人失去的却是爱的力量,和被爱的勇气。

◆ 从恋人退回到朋友的位置,刚开始,你我都显得有些白痴。

但是，久了你会发现，把彼此当亲人，才是放下过去的爱，重新出发的最佳方式。

◆ 结婚与再婚相似，都是两个新齿轮的磨合。世间有太多形形色色的男男女女，总有一款适合你。纵然暂时单着，也得经受社会和生活的磨砺。找个与自己完全吻合的齿轮不容易，要注意适当放些润滑剂。

◆ 爱情中最遥远的距离，不是异地分居，而是我跟你一墙之隔在做饭，你用微信问我：做好了没？

◆ 交通工具不断丰富，地球成为我们脚下的滚轴。人们目光渐大，心眼渐小，亲情淡了，友情稀了，爱情散了。钱多了，蜜多了，快乐少了。

爱情久旱,需浇浇水

　　爱情就像女人的脸和肌肤,越是历经岁月洗礼,越应该多补水,多营养,多美白。聪明的女人们都知道要留住青春美貌,却忽略了给婚姻浇浇水,做个SPA润一润。

忆往昔，有多少爱可以重来

　　佛说：生命中最值得珍惜的，不是未得到和已失去，而是你现在所拥有。在追求虚荣的路上，我们渐行渐远。其实，生活中从来不缺爱，缺少的是发现爱的眼睛。做强势的女人一点都不好玩儿，自己满腹怨气不说，还会让男人没地位。

　　温柔如水，以柔克刚，才是围城最高智慧。聪明如你，千万别让本该幸福的婚姻，扼杀在无端"求强、求胜"的战火里。

　　从民政局出来，秋风吹落一地树叶，很适合耿佳琳凄凉的心境。回到家开始收拾东西准备离开，谁料，宋辉抢先一步提了行李箱出来，临出门交给她一个信封。"一个女人带着孩子出去住不方便，你和儿子留下吧。房子买的时候我写了你的名字，这是房产证和存折。"

　　五年多夫妻说散就散，仅仅因为老婆耿佳琳觉得他太窝囊，只会围着老婆孩子热炕头打转。做个居家好男人，难道也错了？

　　宋辉很爱妻子，虽然没有过错方，分开时，他还是选择给她们最好的安排。耿佳琳心里一直空落落的。下班回家再闻不到香喷喷的饭菜味，也喝不上温凉可口的茶水了，半夜，有好几次，儿子要上厕所，因耿佳琳睡不醒，而尿湿了床。她和儿子的脏衣服丢得满处是，很久也没空收拾屋子，甚至儿子饿了，连零食都没有，她们的生活一团糟。

　　耿佳琳本来打算带孩子去大城市闯一闯，结果，单枪匹马飞过去面试，两

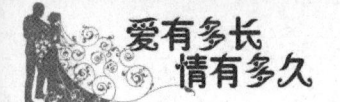

家用人单位一听说她现在是单亲妈妈,都没有再通知她复试的意思。就连先前联系好,只等领导来拍板的职位也告吹了。

  那年初冬仿佛特别冷,小区已经开始供应暖气,但耿佳琳却仍觉得床四周寒气逼人,她盖了两床棉被还是冷,真想有个温暖的手臂抱紧她,让她取暖,迷迷糊糊中她摸索着,身旁的位置只有空空的枕头,心里不由得痛了一下,也清醒了些。耿佳琳把蜷缩着的儿子紧紧搂在怀里,不知道是想取暖,还是担心失去。

  睁开眼睛的时候已经是下午,耿佳琳躺在医院里,手被一双小手紧紧地握着。看到妈妈醒来,儿子如释重负,小大人一样安慰道:"妈妈,你先躺着,我去叫医生。"看着那小小的背影,耿佳琳心里酸酸的,四岁多的儿子在父母婚姻的硝烟里,仿佛一夜之间就长大了。

  医生说耿佳琳只是感冒引起发烧,现在烧已退,没有什么大碍,输完液便可以回家了。儿子拿起她的手机,用快捷键拨给宋辉:"爸爸,妈妈醒了,我们一会儿就能回家。……嗯,我会照顾妈妈,放心吧,我是男子汉!"

  听着宋辉对儿子的嘱托,耿佳琳的眼泪不争气地爬了满脸。在家养病的几天里,耿佳琳被莫大的孤独感侵蚀着。就在离婚前几天,宋辉把她们母子安排得妥妥当当。怕她忘记带钥匙回不了家,在物业可以打开的小区信箱里专门装了个夹层,放钥匙;怕她工作太忙,顾不上管孩子,还联系幼儿园的车每天早晨来楼下接儿子去上学,晚上她下班后,校车才会将儿子送回来。想着宋辉之前的体贴入微,以及种种的好,才突然感觉,事业型的男人固然可贵,但顾家的老公才更可爱,可靠。

  病好后,耿佳琳去宋辉的单位,想当面谢谢他,并跟他说声:"对不起"。然而,宋辉的同事告诉耿佳琳的话却令她吃惊。"小宋说,从今以后要做事业型男人,自动请调去外地工作一年。"宋辉上飞机的时间差不多是耿佳琳从医院回到家的时间,看来,他还是在乎她和儿子的,特意换乘晚一班的飞机离开。

  结婚这些年,第一次去宋辉工作的地方,回来才知道,他工作很出色,老总早有调他出去锻炼一下，回来升职的意思，但他总以孩子小、老婆工作忙为理由推掉。如果不是家庭突变，他也不会主动请缨的，耿佳琳真后悔，自己到底对他做了些什么。

漫长的冬天终于过去，到了春夏之交，耿佳琳几乎是天天数着时间过日子的。在这两百多天里，宋辉对家庭的照顾，对她的好都形成不断滚动的雪球，无限放大。耿佳琳知道自己错了，公司的小伙伴们曾经那么羡慕她有一个家庭事业两不误的老公，她却太不知足，从来没有关心过他的工作和感受。房款是用宋辉的积蓄一次性付清的，手头的存折里也有七八万，都是他省吃俭用攒下的。

"为给我和孩子提供更好的生存环境，他想节俭一点，多攒些钱也完全是顾家的表现啊。我怎么可以怪他只会算计小钱，不去挣大钱呢！"耿佳琳懊恼地责备自己。

宋辉几乎每个月都会打电话来，悄悄跟儿子聊上半天，像是怕打扰前妻工作，又像是担心她不高兴，耿佳琳也知趣地不妨碍他们。中秋节前一周，从儿子口中得知宋辉要回来，耿佳琳赶忙精心打扮一番，做了护肤，烫了头发，换上宋辉送她的那件白色长裙，匆匆来到机场，想给他个惊喜。

迎面走来的是宋辉吗？多半年不见他变得如此沉稳淡定，着装整齐而讲究，完全不似先前的居家小男人模样，他的秘书小张仿佛还是老样子，却一脸幸福，女人开心起来总是显得年轻，略带些孩子气。

年轻，也许是因为爱情的滋润吧，小张的手自然大方地环住宋辉的臂弯，两人有说有笑地走着。耿佳琳的心不由自主地疼了一下，看来，她的出现是一个错误。

当耿佳琳转身融入川流不息的人群中的那一刻，眼泪不争气地掉下来。回到家，耿佳琳躲在卧室里用被子蒙住头，放声痛哭，可还是被儿子发现了，他用小手轻轻拨开妈妈湿漉漉的头发，拿热毛巾帮她擦脸，还学着大人的模样，一本正经地对妈妈说："有什么事告诉我，我是男子汉，会保护你的。"

"小家伙，妈妈是大人，不需要你保护的。"看着儿子可爱的样子，耿佳琳

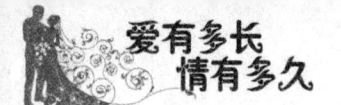

再次热泪盈眶，抱紧了他，心里多少有些慰藉。

"可是，爸爸说过，男子汉不能让心爱的女人哭。我爱妈妈，所以，不想看你哭。我已经长大了，我会听话的……"有这么懂事的儿子，就算再委屈也必须让泪水倒流回去。

耿佳琳要坚强，做个合格的好妈妈，更要做个可以独当一面的单亲母亲。从往事中抽身出来，虽然不容易，她却一直在努力。

可是，宋辉竟像一颗定时炸弹，时不时出现在她的生活里，让她无法摆脱过去。

不久后，宋辉从外地调了回来，并提拔为行政总监，同事给他开了庆祝会，喝得有点儿高了，大半夜打来电话，说想见前妻和儿子。他们约定，第二天中午，全家一起吃顿饭。

为了不在他面前丢份儿，耿佳琳特意去商场买来件高档套装和一双精品皮鞋，谁料，餐桌上的他却依旧是跟以前在家一样不拘小节的休闲打扮。儿子见到宋辉，口香糖一般黏过去，父子俩非常亲热，而耿佳琳反倒像个最熟悉的陌生人。

用餐接近尾声的时候，小张出现了，大方地坐在耿佳琳对面，还是一脸幸福的微笑。宋辉很坦白地告诉耿佳琳，他和小张就要结婚了，希望彼此再见还能是朋友，还可以经常一起吃个饭，偶尔带儿子去公园玩，让孩子不至于感觉缺少父爱。

不晓得是宋辉思维太简单呢，还是耿佳琳想得太多，总之，她对眼前这个女人充满羡慕、嫉妒，甚至是憎恨。如果没有她，也许自己和宋辉还可以复婚，让一切重新开始；也许宋辉的魅力会被耿佳琳继续忽略下去；更也许，耿佳琳永远不会清楚什么才是真正的爱和不懂珍惜而失去的痛苦。

耿佳琳悔之晚矣，就算没有小张，还会有小王或小李。总之，爱情经不起伤害和等待。面对婚姻我们无法大刀阔斧，要学习宽容与体谅，清楚自己是否还爱着，这才是最重要的。是呀！孩子不能缺少父爱，但在未来的日子里，耿佳琳却不知道该如何与前夫和他的家人正常相处。

最不能透支的，是家与亲情

读大学时，小景班里有个男生叫华子，虽然个头不算太高，但精气神儿十足。小伙子有思想，有目标，对小景又非常体贴。是全班公认的郎才女貌，算得上最有前途的一对儿。

只可惜，小景的父母觉得华子人长得不帅，家庭条件又太差，配不上自己的女儿。为这事儿，小景没少跟家里吵架。"他个头矮又怎么样，人家小品里还说'浓缩的是精品'呢。再说他也不比我矮呀！而且他脾气特好，专业技术过硬，有上进心，还知道疼人，我不觉得跟他在一起受委屈。"

父亲叹了口气说："哎！你这孩子，怎么就这么固执呢！他家是农村的，还有个傻哥哥，将来万一嫁给他，还不被拖累死？爸妈以前也种过地，那种辛苦你根本无法想象。现在咱们虽然说不上多么富有，但也算是小康之家。与他家比，不知道强了多少倍。许多条件好的男孩等着你选，干嘛非找他呀！"

尽管老父亲苦口婆心地劝，还是没能动摇小景与华子在一起的决心。她认为父母之所以反对，完全是不了解华子，等以后相处久了，老人自然会看到他的好。

半年后，小景和华子都考上了农学院的研究生，并约定毕业就结婚。这事儿被小景父亲知道了，气得住进医院。小景返校后，态度就有了改变。细心的华子立刻发现端倪，只要女朋友接到家里的电话，或是父母来看她，总要跟自己保持一段时间距离。他虽然习惯了，却对这家人干涉恋爱自由的手段很不

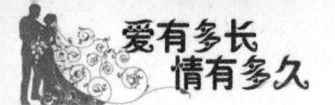

屑,在心底讨厌小景爸爸。

研三毕业,华子凭着优异的成绩留校任教,小景却被迫返回两百多里外的石家庄老家找工作。分别前,华子没有催婚,只是告诉小景:"无论结婚还是分手,我尊重你的任何决定。就算结婚,咱们也要先站稳脚跟,然后想办法在石家庄买房,这样你爸才能接受我。另外,你放心,我哥跟着父母在农村过习惯了,不会打扰咱们。"

华子以退为进的方式着实感动了女友,他如此为自己着想,又把话说到了这份上,小景真的不忍心让他伤心失望。便告诉他,再等半年,她会做通父母的工作。

与热恋中男友的分别使小景的思念更重,她越来越多地想起华子的体贴入微。回家乡工作之后才发现,父亲是想借工作拉开她和男友间的距离,希望她慢慢忘记那个人。显然父亲的方法并未奏效,小景人回了家,心还在农学院。小景向父亲坚决地表明态度:"这个男人我放不下他,一定要嫁。"不待父亲出新招,两人偷偷把结婚证领了,来个先斩后奏。

他们婚后的生活简单朴素,因生活在异地,各住各的单位宿舍,聚少离多,却也幸福和谐。只不过,第一个春节回老家看公婆出现点儿问题。华子平时很节俭,下了车,要徒步走七公里才到家。这次因为是带老婆回家过年,就想花点钱,找个小三轮拉他们一程,好一通讨价还价。

第一眼看到华子家破旧的老房子,小景的心就凉了半截儿,难怪父亲当初极力反对,他家可真够穷的。屋里几乎没件像样的摆设,不说别的,就把羊圈盖在院子这事,小景就特受不了,风一吹,满屋都是膻腥味。她从小闻不得羊肉味,吃一口就吐半天,何况新年连续几天对着羊群。婆婆和村里人都觉得,这媳妇太娇气,有意无意疏远她,这让小景打心眼儿里不痛快。

离开后,小景虽然没说什么,却憋了一肚子火,终于在年假结束时发了出来。不吵架还真不知道,原来,华子家人也在丈夫面前说了她许多坏话。"这儿媳妇不食人间烟火。""她当自己是少奶奶呀……"

这些话都让小景特别生气,最气不过不是婆家人的苛刻,而是作为老公,华子不知道护着自己老婆，勇敢站出来为她说话。

小两口的关系就这样在磕磕绊绊中前进。小景性格直爽，有什么就说什么，说过去便没事儿了。可有时候华子接受不了，就像一个心结，在他的记忆里生根发芽。尤其是当老婆提起他的家人，他总觉得父母养大自己，借钱供他读硕士，真的非常不容易，绝不允许任何人讲他们半句坏话。

但一边是挚爱的老婆，一边是亲生父母，他们如果不和，最终难做的还是华子自己。为了逃避这些矛盾，也为了尽快提高生活水平，华子报考博士。他认为，有钱有学问的男人腰板儿才能硬起来。

那年暑假，小景去看老公，住了没多久，他们又因为中秋节去哪里过而吵起来。心情不好的小景跑到楼下小卖部去买零食，打算靠吃东西来发泄情绪。不巧，那天很不顺，又跟小卖部老板顶了几句。

小景在校园里找了块僻静地方，边吃东西，边让自己冷静一下。她觉得夫妻关系不能再这样下去，否则最终的结果只有一个，那就是离婚。

她正想得出神，突然，后脑被人用棍棒之类的东西猛然袭击。小景被打得头破血流，当场昏了过去。经检查头上有两处伤口，一处缝了两针，另一处缝了三针。当天下午，华子打电话通知小景的父母去医院，可自己却直至晚上九点多还迟迟未到。这事儿让小景的心拔凉拔凉的。

一个沉重的家，一个越来越不体谅和疼爱自己的老公，两地漫长的分居生活，都让小景备受煎熬。可他们毕竟相爱了五年，结婚三年，为坚持在一起，彼此都付出了很多，怎么可以轻易放弃。然而，再这样过下去，也不是办法。她觉得为今之计，最好是把老公拉到自己身边。

正巧，华子的父亲生病到石家庄住院，小景认为机会来了。平时节省的她，慷慨拿出 6000 元积蓄给公公治病，并把华子安排在自己娘家居住，以方便照顾公公。小景的父母也带着 1000 元钱到医院看望，这一切让华子既感慨，又有些自卑，仿佛景家人看穿了他缺钱，特意来看笑话的。

不久后，华子的父亲去世，需要回老家办理后事。正巧小景查出怀孕，就想，反正那个满是羊味儿的家自己也习惯不了，索性不去了。可华子说什么也

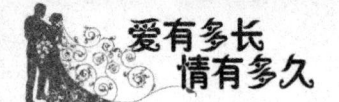

不答应。"你在家里横行霸道，说什么，做什么，我都可以忍。但回村给老人办丧事必须去，不然我对你不客气。"

见华子发火，小景也明白这是男人的面子问题，乡下地方唾沫星子能淹死人，于是便随了他。岂料，五天后返回石家庄，两人又爆发了一次激烈争吵。大致是两个原因，华子责怪老婆在送公公最后一程时，凡事左躲右闪，不够尽心尽力；另外，母亲和智障哥哥将来的生活问题如何解决。

这次两个人是真的吵翻了，第一次提出离婚。华子气愤之余，撕碎了结婚照，甚至将结婚证都撕成一片一片。"叫你离，叫你离。"

小景也不示弱，含着泪说："旧的不去，新的不来。你撕毁证书，办手续的时候我还可以再补一张。"

话说到这份上，华子突然又软下来。毕竟老婆肚子里还怀着自己的宝宝，这份骨肉亲情是割舍不断的。他流着泪恳求老婆不要离开，别让孩子一出世就没有爸爸。一场家庭风波，因为未出世的宝宝而暂时告一段落。可谁又知道，在这短暂的平静背后，隐藏着更大的杀机。

看着老婆的肚子一天天大起来，华子非常高兴。他几乎每个周末都坐火车回去看老婆，小景见老公对自己和孩子如此上心，之前的不快也渐渐释怀。

因为小景长得很清瘦，一米六七的个头儿，才不到一百斤，怀了孩子也没长多少肉。父母都担心她营养不良，时不时送些补品过去。婆婆也要来照顾她，结果没住几天两个人就开始拌嘴，闹得不欢而散。从此之后，小景发脾气，以孕妇需要静养为由，拒绝让婆婆来，也不接她的电话。为这些琐事，婆婆没少在华子面前抱怨，他只能咬牙忍着。

老婆怀孕几个月来，体重终于长到一百一十多斤，检查结果显示，胎儿一切正常。华子工作之余，还乐此不疲地在网上收集婴幼儿卡通，还有一些简笔画，希望将来孩子开发智力时用得上。每当跟网友谈起未出生的宝宝，华子都精神振奋。有网友取笑他："兄弟，你和老婆长期两地分居，家里还那么多矛盾，难道就从来没担心过这个孩子可能不是你的吗？"

就这么一句玩笑话，把华子彻底惹火了。他越想越觉得不对劲儿，为什么最近老婆跟自己吵架的次数少了，有时还主动拿钱出来补贴家里，真的可能是做贼心虚。小景月收入三千多。而华子才考上博士，半工半读，每月只有一千多元的薪水。相比之下，华子多少有些仰人鼻息之感。加上老婆的强势，也令华子自卑之余疑心逐渐加重。

国庆节假期，小两口儿因为点儿小事拌起嘴来，华子头脑一热，竟然质疑起孩子的身世。小景听到这种污蔑，肺都气炸了。"好呀，我现在就去把这孩子打掉，反正你也担心他跟你没关系嘛。"

撕扯之下，小景摔倒在地，她急了，站起来给了华子一巴掌。"离婚！"这下华子真的慌了神，马上就要当爸爸了，这转眼又妻离子散，算怎么回事儿，不被同事、同学笑掉大牙才怪。他强忍住怒气，压低声音恳求小景回心转意，就差没给她下跪了。这个"铁石心肠"的女人才总算勉强答应暂时不离。可她有个条件，就是要订立一份协议。

内容大致是要求过年在岳父母家过，房子的产权人写小景的名字，至于孩子要跟随妈妈姓，万一日后不能继续生活，男方自愿放弃争夺孩子抚养权等等。最让华子感到不能理解的是，老婆在气头上的时候，曾经说过让他跟傻哥哥断绝关系的话。"他又不是你爹，将来是死是活与我们无关。"

眼看孩子两个月后就出生了，小景和老公为去婆家还是娘家坐月子的事儿又争执起来，甚至还大打出手。当时，小景舅舅家的表妹在宿舍照顾她，华子在外人面前受老婆气，觉得很没面子，便愤然离开了。

然而，就是这一离开，便成了永别。不久，小景被杀身亡。凶手残忍之极，连续捅了死者27刀，其中11刀是致命伤，小景全身的脏器没有一个是完好的了。子宫两处穿透伤，这两刀全都刺在孩子的头部……

所有人都不解，到底有多大的仇恨能下得如此毒手？数日后，更加耸人听闻的事情发生了。经查证，这起案件的犯罪嫌疑人竟然是被害者的丈夫华子，包括之前小景头部被打也是他干的。

华子判刑前被提审了一次又一次，几乎每次都有年迈的老母亲和智障哥哥作陪，这让本来就没什么收入来源的家，更是雪上加霜。还有伤心欲绝的岳父

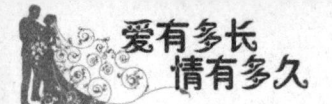

母,本该是亲人,却终成仇人。静下心来想想,他一怒之下挥刀杀妻,真就解脱了吗?高知未必高智,如此不负责任的行为,留给两个家庭的,除了伤痛还有什么?

无论什么原因,都不能成为杀人的理由。在这里,仅奉劝所有在婚姻中挣扎的人们,如果不爱了,请和平分手。放彼此一条生路,离婚后各自寻找幸福不是更好,何必成为仇家。茫茫人海,能聚到一起也算是缘,纵然难再做朋友,请给大家留份自尊,毕竟曾经相爱过。

透支家与亲情的后果非常惨重,希望永远不要有人再去经历那样的疼。

剪掉婚姻枯枝,给个中场休息

谁没有点过去呀!那些过去的,就让它真的永远过去吧。纵然你的他(她)依旧心有余悸,努力放轻松,相信他们会自己走出来。不要把那些前度,那些曾经的过去式,变成婚姻肢体里的血栓,否则,终有一天夫妻关系将不堪设想。

活在当下,学会洒脱。用平静平和的心态,像修剪花草一般,勤快地剪掉婚姻的枯枝,把小矛盾、小问题解决在萌芽状态。让你的婚姻永远都像迎接春天的新生命,活力四射。

艾笑笑和男友陈杰情投意合,本来前年就打算结婚了。但是,听老人们讲,本命年不结婚,结了没有好运气,就一再耽搁下来。陈杰比艾笑笑大一岁,这一拖就是两年。没办法,他们只能暂时做对没有名分的夫妻,直到一年前才转正。

　　成家跟同居还真不一样，两个全是主人，说话都理直气壮。可能他们在一起久了，难免有磕磕绊绊。艾笑笑当仁不让地充当起管家婆的角色，而陈杰也是自由散漫惯了的，怎么肯让人管，两人不断争吵。这一年多下来，他们的关系闹得很僵。直到有一天，陈杰参加某位同学的婚礼回来，整个人完全改变了。

　　他不再像以前爱说笑，下班回来就跟谁欠了他钱似的，拉着一张脸往电脑前一坐，奋战游戏。每天夫妻之间几乎说不上什么话，自然没有争吵。

　　艾笑笑心中奇怪，经多方打听，从侧面了解到一些消息。那位结婚的女孩是陈杰的初恋，两人好了三年，不知为何就分了。现在，人家有幸嫁做商人妇，不愁吃穿不差钱儿，八成勾起陈杰内心深处无限的自卑啦。但他已经成为艾笑笑的丈夫，这样堕落给谁看？那初恋肯定没空理他，人家指不定跑到哪个半球度蜜月呢，唯一陪他心酸的，还不是老婆。

　　陈杰的非正常反应持续了半个多月，艾笑笑终于忍不住，对他发起挑衅，开始陈杰不理她，仍然埋头于游戏，最后逼急了，才跟艾笑笑吵起来。

　　"不就是个初恋女友吗？有什么大不了的，你要是后悔了，可以找她过去。"艾笑笑的话里充满醋味，让陈杰有些不知所措。

　　"我怎么啦？就只去参加了人家的婚礼，跟一帮老同学聚聚而已，又怎么招惹你了？"两人唇枪舌剑好一阵儿，互不相让，最后严重到打砸家具的地步。

　　艾笑笑负气冲出家门，在楼梯口遇到了房东太太。

　　她笑着问："怎么？火星又撞到地球了？"

　　艾笑笑不好意思地点点头。"是不是我们夫妻内战扰得邻居也不得安宁，又跟您投诉了？"

　　"知道就好。"房东太太拉着艾笑笑走到小区广场，跟她聊了许多自己年轻时候的事。

　　"当年，我和老公也是对贫贱夫妻。一起吃苦挨饿，加班加点，好不容易赚下两套房子，可日子好过些，他却累出一身病，早早地离开我们母女俩。现

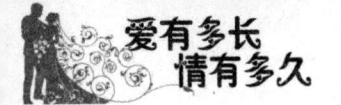

在,我想明白了,钱是赚不完的,努力奋斗穷尽生命,也只能有个立足之地罢了。然而,幸福却是回不了头的,与其把快乐留在回忆里,不如真实地去迎接今天和明天的快乐。闺女,你记住:只有懂得如何化干戈为玉帛,方可叫爱情细水长流。"

房东太太的话让艾笑笑触动很大,记得刚参加工作那会儿,她和陈杰挣钱都不多,他却把她捧在手心里,有求必应。知道男友疼她,艾笑笑也从不提过分的要求,那时收获的是最简单的幸福。如今为什么做不到了呢?

有了事业,存了些钱,准备买人生的第一套房子,却发现,不仅首付,连这个男人如今都与自己隔着一段距离似的。居然闹到大打出手,下一步,是不是就该提离婚了?

艾笑笑正在发呆,不知何时房东太太已经悄悄走掉,身边坐的竟然是自己的老公。陈杰抓起老婆的手,使劲儿挥到自己脸上。"老婆,我错了。你打我两下,出出气吧。"艾笑笑抽回手,向四周看了看。"这里是公众场所,你不怕丢人呀!"

"其实,你误会我了。我每天回家对着电脑刷级,不是自己在玩游戏,是有人出钱请我给他们升级,换装备,到时候他们拿那些装备去卖,再发我酬劳。积土成山,积水成渊,房子的首付能多添一点儿是一点儿。上次同学结婚,我听说人家老公也是白手起家,竟然买得起大房子,新娘有那么多钻石首饰,而老婆你,比她漂亮,比她还能干,跟着我这几年,却一直在吃苦,委屈你了。所以,我要更加勤奋地工作,抽空赚些外快,争取让你也早点儿过上好日子。"

陈杰的话还没说完,艾笑笑已是泪眼迷离。从那天起,她终于明白,婚姻需要经营,还要讲求情调,更要时常注意,有没有因缺少沟通而让婚姻产生枯枝。生气、特别火大的时候,先别说伤害彼此的狠话,更不可冲动做错事,冷静下来,就当给婚姻一个中场休息。

艾笑笑可不想像那位房东大姐一样,等最爱的人在地球上消失才念起他的好,才后悔吵架是在浪费生命,到时真没处买后悔药去。

谁知道明天与意外哪个起得早

俗话说,患难见真情。灾难是对爱的升华,对真情的考验,心灵美丑的见证。不到最后一刻,你真的不知道,在你心中最重要的那个人是谁,我们能为彼此做多大的牺牲!

林然和赵洋都是河北保定人,毕业后,一起漂来北京。打拼五年,终于买房,结婚,安了家。他们像老牛一样勤勤恳恳,背着房贷和车贷努力往上爬。

2012年7月,岳母心脏病住院,做了两次手术,赵洋连请假回去探望的时间都没有。为此林然跟老公大发脾气,还撂下狠话儿,说过不下去就算了。回老家第三个礼拜,林然接到单位紧急通知,周一有领导检察,希望她尽快销假,做好准备工作。

7月21日中午,林然坐上返回北京的汽车。发车的时候天有点阴沉,当时并没下雨。可一路向北,越走雨下得越大,汽车开得也越来越慢。林然还不知道,赵洋也正准备离京,去河北接她。因为还在生气,回来也没有通知赵洋。

这天是周六,加上外面有雨,赵洋五点刚到就迅速离开办公室。他明天不用加班,打算连夜驾车到岳母家,负荆请罪。谁料,雨越下越大,他开了一个多小时才赶到京港澳高速路口,可出京方向不知是出了事故,还是什么其他原因,路上堵着很多车,排起了长长的车队。赵洋没有办法,只好耐着性子等。雨一直下,他后面也聚集了不少车。

　　天渐渐黑下去，赵洋从车窗往外看，进京方向由于地势较低，已经有了不少积水。他远远看见有个哥们儿正努力地把汽车往高处推。赵洋开始担心起来，雨如果继续这样疯狂地下个不停，他们堵在这里，车子迟早也会因为积水而熄火。

　　为今之计，要么赶快冲过去，要么退出这片凹地。可这是单向行驶车道，后面的车已经排满了。正在他犹豫之际，有几个人从旁边跑过，他下意识地看看周围，积水大概有十几厘米，并在缓缓上涨。赵洋抓起电话，打110、112占线，打119也占线。最后，他只能打给老婆。此时，林然乘坐的大巴车正在驶向京港澳高速路口。

　　19:26，电话接通。赵洋问："老婆，妈没事儿吧。家里下雨了吗？"

　　"妈病情稳定，出院啦。是有点下雨，天气预报说小到中雨。北京下大了吧！听你那边噼噼啦啦的，信号不好。"

　　"嗯，雨挺大。我在路上堵着呢。有的地方积水太多，车子被淹，发动不着，车主丢下车，自己跑了，你看见一定会骂他们败家子儿……先不说了，有电话进来。"

　　19:32，这个电话是岳父打给赵洋的。他问赵洋是不是还在加班，劝他早点儿回家，注意身体。最后一句是："林然傍晚到家，你们好好谈谈，别总吵架了，要珍惜缘分。"他这才知道，老婆返京的事。可大雨天的，林然是否已经安全到家，现在还不能确定。

　　19:37，赵洋再拨老婆的电话，无法接通了。打了几次，还是没有信号。突然，很强一股水流涌过来，像巨大的海浪，又像魔鬼的黑手。赵洋亲眼看见最前面那辆红色小轿车被冲得几乎侧翻，吞没，之后又吐出一段车顶儿来。他的越野车型虽然高一些，但也被冲得晃了两晃。赵洋很奇怪，红色轿车里竟然没人往外跑，车身已经多半泡水，还有什么舍不得的。赵洋咬咬牙，准备收拾东西弃车而去。他强烈意识到，如果再不走，被淹也是早晚的事儿。

　　19:49，就在赵洋焦急时，电话突然响了，大概是林然收到短信打过来的。赵洋问她到哪儿了，进城没有？那边的声音很乱，勉强能听清是就要到高速出口了。赵洋急切地大喊起来："停车，告诉司机，快停车。高速路口已经淹了，来一辆就会被积水吞掉一辆，千万别往前走了。停车，快停车……"

　　信号再一次中断，赵洋不知道老婆能否听到，并就此脱险。但有一样他可以肯定，自己被困在汽车里了。车灯忽然熄灭，赵洋下意识地推开车门，由于外面水压太大，已经推不动。他现在才明白，红色轿车的车主不是不想跑，是来不及，跑不掉了。

　　车子里面黑洞洞的什么也看不见，赵洋只感觉脚下的水灌满了，没了他的小腿。他想打开车门，用肩膀撞，用脚踹，都试过，门还是纹丝不动地紧锁着。就在赵洋折腾得筋疲力尽的时候，手机又响了，但还没等接起来，就迅速黑屏了。他摸索着，水漫上副座，手机湿漉漉的。

　　赵洋明白，这是最后的逃生机会了。车里空气越来越稀薄，如果坐以待毙，定会溺死在车中。他把驾驶椅放倒，快速爬到后排，凭记忆摸到后座卡扣，椅背放平，将手臂伸进后备箱，终于摸出一把扳手。赵洋用尽全身力气，对准车窗敲下去，再敲下去，玻璃碎了，他从车里爬了出来。

　　赵洋一米八三的大个头儿，扶着汽车站稳，才发现积水已没过腰。忽然想起前面的红色轿车里应该有人，就一步步艰难地摸黑探过去。他用手拍对方的车顶，透过车窗，看到了里面微弱的光。赵洋举起扳手正要砸车玻璃，一个浪头打过来，他重心不稳，摔倒在水中，呛了两口带着腥臭味的雨水。幸亏赵洋有点儿水性，不然就被冲走了。

　　赵洋用最快的速度救出车上的母女俩，让小女孩骑在自己肩膀上，一手打伞，一手抱着脖子，并紧握住手机照明。赵洋自己则一只手拉住孩子的母亲，另一只手把着隔离带上的护栏，艰难地往地势高的地方走去。水已经淹到女人的胸口，还在不停地翻涌，他们身后的轿车顺水飘起来，打着转儿，跌跌撞撞地四处晃动。

　　女人尖叫一声，向前扑倒，千钧一发之际，要不是赵洋死命抓紧，她恐怕就被水流冲走了。大雨依然哗哗地下着，耳边时断时续地传来哭声与尖叫声。手机的灯光中，赵洋看到有个女孩大喊"救命……"，没来得及喊完，就被湍

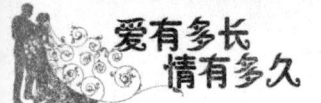

急的水流卷裹着不见了。他突然就想起了自己的老婆林然,她现在安全吗?大巴车比较高大,应该不会被淹没吧!?

大巴车的司机听林然说高速路口下淹了,开不过去,有点半信半疑。放慢了速度,直到发现路边有车,才缓缓停下。没等司机下去问个究竟时,马上就有一家三口来拍门。说他们的车在前面泡了水,希望能上来避避雨。司机问他们路上水多深,男人只是摇头。"千万别往前走了,我们跑出来的时候已经齐腰深,现在应该还在涨。我亲眼见到有五辆车泡了水,出京的方向可能更严重。会游泳的男人们都去救人或往外推车了……"

林然的心突然就一阵纠痛,"赵洋,赵洋怎么会知道这里的水位很深,还特意打电话再三提醒我,难道他……"林然赶紧拨赵洋的电话,一声、两声、三声,就是没人接。

电话这头,林然急得快要哭出来。"老公你在哪儿?是不是也被困在水里了。听说淹了好多辆车,报警电话都在占线,怎么办,怎么办呀!"林然握着手机,拨了一次又一次,自言自语,心急如焚,却无论如何拨不通。

此时的高速路口波涛凶涌,积水成河,赵洋正从虎口上一点点地往外爬。他扯着女人,驮着个孩子,还冒着随时被冲走的危险,在瓢泼大雨中举步维艰地前行,不到一站地的上坡路,走了差不多一个小时。

赵洋的手机虽然还在衣服口袋里躺着,但早就被水泡得报废了,林然怎么可能打得通。

21:10,赵洋和被救的母女终于走到比较安全的地带。这里积水较少,刚刚没过膝盖,服务区聚集了很多人,有消防车,有弃车的车主,也有附近工地赶来营救的人员。

赵洋借了个手机,想打给老婆,报个平安,顺便问问她的情况。可是,电话占线。再打,还是占线。现在,赵洋心急如焚了。

林然所乘坐的大巴情况也的确有些不妙。车进入了下坡路段,司机想像其他小车一样往后倒,或是调头开到高处,却连续熄火。雨水已经漫过车门的第二个台阶,还不断有人到车上来避雨,大巴里塞得满满的。大家空前地惊慌起来，人们疯狂求救，几十部手机同时拨110、112、119，基本上都是占线。焦虑中夹杂着恐惧，人群中开始出现诅咒和骂娘的声音。忽然有人拨通了救援电话，大家又迅速地安静下来，屏住呼吸听机主报告他们的具体方位，大概多少人，生怕出错的样子。

　　雨还在下，水开始漫过大巴的最后一个台阶，渐渐浸到乘客的脚下。司机建议大家爬上车顶或逆行到高处去，照目前的情况看，说不定大巴也撑不了多久。林然有些绝望地拨打赵洋的手机，不通，还是不通。又打给爸爸妈妈，语速迟钝，像是交待临终遗言似的，一字一句泣泪交加。

　　车上其他人也是如此，都在打最后一个电话，给他们最亲的人。仿佛打完这个电话，就将要赶赴刑场一样，那份悲情，那种肝肠寸断，生死两茫茫，真的让人有点欲哭无泪。

　　21:30，乘客们纷纷跳下大巴，站在齐腰的水中，摸索车后的梯子，爬上去避难。可车顶的空间有限，大半的人只能手牵着手在雨中摸黑前行，努力向他们印象中的高处走。这样深的水位，小孩子很吃亏，被父母抱着，就会松开队伍的手，自己走又特别容易呛水。林然眼见着一个妈妈抱着孩子倒下去，孩子的父亲扑上去救援，一家三口就这样与其他人冲散了。

　　暴雨倾盆，水流很急，手牵手向前走的人不断减少，林然心里泛出从未有过的绝望，她感到死亡离自己越来越近了。大家都在叫：救命。只有林然在绝望中无助地哭喊："老公，你要好好活着，一定要活着。"

　　22:05，远远地看见有汽车的大灯照过来，是辆消防车，这群人都兴奋地欢呼起来。林然却哭了。武警官兵用橡皮艇把大家暂时转移到附近一处安全的地方，转身又要去救别的人。林然扑通一声跪倒在地，"求求你们，赶紧去救我老公。他叫赵洋，在高速路的出京方向，跟我们就相距一条高速隔离带。求你们，快去救他。"

　　一个队长扶起林然，说："我们现在就是去救人的，时间等于生命啊！"林然呆呆地站在原地，突然电话就响了。

　　林然从食品袋里掏出手机，是赵洋。"老婆，我脱险了。你把车牌号给

我，我去找你。"

"不，不用。你就在原地等救援车来。我很好，只要你活着，我就什么都不怕了……"

去看看世界，趁青春还未走太远

生存是个多么刻薄的字眼儿，它可以让人陶醉、疲惫、颓废、心碎。所以无论是谁，都渴望着天赐的机会。然而，花开总有谢，云起终会散。若干年后对着满目疮痍，轻拂稍纵即逝的缘，我们还能说些什么呢！

也许是空间太小了，人会变得狭隘？也许是自由的时间太少了，心会变得暴躁？也许是个性使然，亘古难变？你会不会经常觉得，自己一直很忙碌，却又像蚂蚁搬家一样地没有价值，而且琐碎。似迷途的鸟儿，找不见了自由的天空；似流浪的云朵，眼望故乡却难驻足；又似跌落世俗的尘，游历在空洞的夜，寻觅着快乐的门；我们究竟是谁？为什么来到这个世上？又得到过多少真心的快乐？我还能找回原来的我吗？

邻居赵叔叔是位健壮的老人，六十多岁，身体倍儿棒，吃嘛嘛香，几乎都没得过病。可是，两个月前，因为吃东西总吐，突然查出癌症晚期，合并出肠梗阻。医生给开了刀，说癌症已经转移了，于今日之计只能是做一个手术先把肠道疏通，否则没有办法进食，只凭着输液补充可不行，体内产生的各种代谢毒素排不出去，很快就会影响生命。

赵叔叔的儿女们带他去了几家医院，得到的结果都相同。癌症是没得治，肠梗阻的手术只能续命。孩子们都很担心，可赵叔叔笑着说："做就做吧，说不定啊，手术养好了我还能到处转转。我还没活够呢，这么大岁数，没上过山，没下过海，也没坐一回飞机和轮船，我不能死。放心，做吧。"

谁料，术后效果不佳，不几天，胃管儿里抽出来的都是血。老爷子眼瞅着就不行了，临终最后一句话是："我真想到处去看看。"

我们的父辈都老了，他们辛苦大半生，忙完事业忙老人，带大儿女带晚孙，好吃的没吃上几口，好玩的也没玩过几个，匆匆就这么离开。留下大好河山，四海美食，任由别人去品评。多亏得慌呀！

前车之鉴让孝顺的儿女们警觉，开始安排老爹老妈们的出游计划。只可惜，有些人腿脚不便，已经走不动了。尽孝要趁早呀！在父母健康的时候，活着的时候，好好爱他们。一旦驾鹤西去，哭又有什么用呢！

卓玛是生在大西北的内地女子，结束三年不堪回首的失败婚姻，为了从那场伤痛中走出来，她生平第一次坐飞机，从青藏高原到山东青岛。

站在青岛的海边，听着水打岩石的声音，脚踩柔软的沙滩，任风吹乱卓玛的长发，飞扬她洁白的衣裙。而卓玛，像一个溺爱着海的小孩子，微笑着，迎向黄昏的夕阳。足下的海水一寸寸地浸入她的皮肤，吞没了她的脚踝，一波退去一波又起，水花四溅，宛若无声的爱抚，又若老朋友的挑逗嬉戏。如此宽广包容而柔美的大海，是她长这么大都从未见过的。

卓玛闭上双眼，敞开了心扉，静静地感受着海，让波涛洗净所有的过往，在辽阔的大海面前，那些前尘往事，种种不快，显得如此微不足道，如一粒沙，一层土，在海的胸襟里消失殆尽。自始至终，卓玛被这海水的魔力感动着。

突然，一双大手拎起了卓玛，还没来得及反应，她就掉进一副强有力的臂弯里。卓玛本能地以为是绑架，挣扎着，呼喊着，叫他放手，那男人却不肯，一路把她拖到离海岸线很远的地方。放下卓玛时，他气喘吁吁地问，这么年轻，为什么要选择自杀。

自杀！卓玛放声大笑，笑到肚子抽筋儿。抬起头才看见他脸上好看的

弧线，他正张大了嘴巴呈惊叹状。这男人叫陈子安，是青岛一家酒店的副总经理。

当他知道，卓玛长在西藏，从小到大都没有见过海，来青岛只是想让压迫的神经得以缓解的时候，不由得为自己的唐突轻笑。

从此，子安成了卓玛免费的专职导游，七天平淡的旅行，在他的陪伴下显得与众不同。他们徒步在中山路中西合璧的古老建筑里流连忘返，于参天大树下嬉笑休憩，几乎整条商业街都留下他们密密的足迹。卓玛深深陶醉在这碧海蓝天的海滨城市，体会着崂山的清虚与幽静，心情也变得平和而美丽。

离开青岛，真的有些不舍，从子安的眼神中，卓玛看出了欲言又止的挽留。火车闷响着，带卓玛穿越广袤的地域，回到西藏。在那里，有着卓玛不温不火的事业，和曾经许多关于爱情的记忆。

前夫的眼中只有欲望，花花绿绿的钞票、青春美丽的容颜，还有权力地位。这是个经济飞腾的年代，交易，可用于任何一种需要它出现的场合，而他们的婚姻，不能成为这交易中的一项。卓玛需要爱，更需要一个安稳的家。

婚姻里的分歧越来越大，看似坚强的卓玛，再也不堪其重，无力承载那个男人的风花雪月。因为每当他惺惺作态的时候，卓玛心里就会有个角落在痛，不甘心让好不容易构建的家走向凋零。

西藏的冬天好冷，走在白茫茫的雪野中，不想去重复谁的足迹。那漫天的洁白已经覆盖了所有，所有的"尘"与"哀"将与寒冷一起，毁灭在冰雪消融的时候。天气冷得让人清醒，卓玛想起了子安，那个不分青红皂白，却满心善良柔软的漂亮男人。分别半年，经常收到他的短信，仿佛总有一份牵挂在遥远的青岛。

五月的崂山已然是一派生机盎然的景象，这座海上仙山因僻处海隅，山陡林密，景色奇丽而惹人驻足。立于青山绿水之间，很想打个电话给子安，不知道那个欲救自己于海浪之中的男人，他还好吗？有他，这座城市才更有生机，卓玛的笑才会像雨打荷叶般花枝乱颤。可是，卓玛每日踏浪而来，发了许多微信照片，却终不见他熟悉的笑颜。

来了一个月,走过他们所有驻足过的地方,始终没能遇上,这便是缘浅。卓玛打算回去了。再见,朝观海潮,夕听海涛,日洗海浴的城市;再见,神龙见首不见尾的暗恋。午后,卓玛把自己埋进细腻的沙滩,沐浴着阳光,决定放弃这里之后,开始谋划未来的鸿图伟略,要在哪个地方东山再起?

卓玛托着行李走进候车室,手机响了,居然是子安。卓玛庆幸自己在他手机关机的情况下,还保持了每周发一条短信息的习惯。子安去国外考察刚回来,说马上来车站接卓玛。

20分钟后,卓玛如半年前那般,再次落入子安的怀抱时,却已泪流满面。眼前的男子风光无限,而卓玛如落败的孔雀憔悴不堪,但他用海一样的胸襟接纳了卓玛。他说,等我们结婚那天,青岛的天空肯定和海一样瓦蓝瓦蓝。

自然界的轮回是相同的,如果连细节都一致就没有个性和意义了。有时候,勇敢一点儿,放开怀抱,无欲无求的爱反而能让人收获更多。

别动孩子,那是围城"多米诺"

还记得5·12大地震中那个三岁女孩吗?她在父母用身体撑起的安全伞下被埋40小时,最终获救。这就是爱,婚姻里最崇高最无私的爱,不假思索,那一定是给孩子的。因为他们是父母生命的延续呀!无论前一秒钟夫妻打得如何不可开交,恨得那般咬牙切齿,一旦灾难来临,为了共同的家,共同的孩子,总会携起手来,奋力抗争,纵然粉身碎骨,也在所不惜。足可见,父母有多无私。

可就有些人，不知道是教育缺失、亲情缺失，还是脑子积水，连最起码的爱亲人的能力都丧失了。奉劝朋友们：压力再大，酒不解愁；与人争吵打骂当时痛快，生气伤身的是自己；多听些古琴或古筝曲，能让心灵不长草；就算阴天也带把伞吧，哪怕雨点再小，不要太相信头皮，说不定它从什么时候起，已经开始漏雨了。呵呵……

翠姐当过我们单位的保洁员，在我印象中，她是个非常温柔善良而又胆小的女人。她老公老余长得五大三粗，几乎胖她两倍，因为在建筑工地上班，全身仿佛有使不完的劲儿。

老余好酒，高兴的时候喝点儿，不高兴时也喝，如果只是尽兴的小酌也没什么，但他酒量差，酒品更差。喝完酒不光吐的一塌糊涂，还摔东西、打人、没事儿找茬，这个毛病让人真有点受不了。

那次，工地上新来的项目经理见老余干活麻利，又讲义气，在工人中有点威望，就想提拔他，把一部分活儿交给他来做，项目经理省心，他也能多挣点。结果，这哥一高兴，请大伙儿喝酒，最后喝大了，也没明白哪句话说的不顺耳，他就抄起酒瓶，把项目经理弟弟的脑袋给开了瓢儿。

小伙子在医院躺了大半个月，耽误项目经理不少事儿先甭提，答应包给老余的活儿自然是泡汤了。再加上医药费、误工费、伙食费等，翠姐又往外掏了一万多。

夫妻俩为戒酒的事儿吵了不知多少次，可老余的酒不但没戒掉，反而越喝越凶了。以前只是酒醉时打人，丢了工作之后，清醒的时候也打翠姐，嫌她太唠叨。"你一个女人懂什么，整天唧啵唧，唧啵唧，烦不烦，有本事你出去挣钱养家。老子成天累死累活为了谁？别他妈不识好歹啊。"

翠姐捂着生疼的脸，跌坐在地上，眼泪就滚落下来。七岁的女儿豆豆吓得躲在里屋，大气儿也不敢出，见爸爸摔门走了，才跑到翠姐面前。"妈妈，疼不疼？快起来，咱们以后不理他了。"

望着懂事的女儿，翠姐再一次心酸。城里的孩子六岁就都上小学了，豆豆还在上幼儿园。他们住的地方没有农民工子弟学校，附近的小学借读费又太高。本来存了两万块钱，想在六月底报名之前搬家，让孩子有学上。老余又一次醉酒闹事，这一酒瓶不仅敲碎了女儿的读书梦，也敲破了他们的婚姻。

翠姐提出离婚，家里全部财产归他，女儿由自己养，不用给抚养费。老余坚决不同意。"我都没工作了，你再把我女儿带走，还让不让人活了？"

"你这样下去，我们三个人都没办法好好地活下去呀！不然，你还是把酒戒了吧！咱们努力赚钱，正儿八经过日子，让孩子有学上，将来也能比咱俩有出息……"翠姐的苦口婆心终于让老余有所动容，他又一次承诺戒酒，再也不打老婆了。

可是，有句糙话叫：狗改不了吃屎。当老余又一次挥起拳头的时候，翠姐以家庭暴力将其告上法庭，要求离婚。

老余急了。"你这个女人心太狠，离个婚还告我，就不让你得逞。"他直奔幼儿园，把正在上课的女儿接出来，关在一处废弃的拆迁房里，窗户都用砖封上，门反锁了。孩子哭着喊着找妈妈，老余都无动于衷，只扔下一袋子面包和火腿肠，还有几瓶水就走了。

晚上，翠姐下班后去接女儿，被告知跟着爸爸出去，一直没回来。老余的电话始终关机，孩子长这么大也没离开过妈妈，可把翠姐急疯了。她打电话报警，向所有认识的朋友求助。

一夜无眠，第二天中午，翠姐才终于接到老余打来的电话，问她还要不要离婚？如果坚持离的话，就让她永远见不到孩子。翠姐赶忙答应撤诉，不离了。老余又让她写个从此不会提离婚的保证书，自己一个人送到拆迁的那个小区附近的公交站，如果报警，后果自负。

翠姐在公交站等得心焦之际，老余一把拎起她的胳膊，强拉硬拽地来到关女儿的小屋。他一脚踹开门，吓得孩子猛往墙角缩。老余甩开翠姐的胳膊，骂道："不知好歹的贱女人，保证书呢？"

翠姐在包里翻了半天，也没找到。老余上来就是两巴掌。"你敢骗我。"他正要继续打，女儿突然扑过去，哭着抱住老余的腿："爸爸，别打妈妈了，我害怕。"翠姐见女儿满身泥土，脸哭的像花猫一样，忽然起身，发疯似的捶打老余。"你还是人吗？绑架自己亲生女儿，关在这种破地方，把孩子吓成什么样子了。我跟你拼啦！"

老婆疯狂地对他拳打脚踢，女儿死死抱着他的腿不放，老余愤怒地抓住老婆的双臂，抬脚将女儿踢到墙上，孩子惨叫一声昏了过去。老余立刻傻眼，跑上前查看情况，翠姐顺手抓起一块砖，朝他的头顶狠狠地拍下去。

警察赶到时，老余已经昏迷，医生诊断为重度脑震荡。翠姐防卫过当，被警察带走了。剩下可怜的女儿，只能暂时回乡下跟爷爷奶奶生活。

翠姐婚姻中最大的悲剧，不是她选错了男人，也不仅仅因为余哥爱喝酒，关键在于别碰孩子。无论你对我怎样绝情，但别动我的孩子。打自己，可以忍，打孩子，就是在剜女人的心头肉。是可忍，孰不可忍。用孩子去要挟婚姻，最终后果惨重。那是压倒骆驼的最后一根稻草，动了，便是万劫不复，两败俱伤。

爱他也许一时头昏，翠姐只凭头昏是不可能与老公携手走过九年的。九年啊！几乎是把一个女人最美的青春年华都奉献出来了，如果不是因为爱，那必定是因为傻，傻到义无反顾，悲壮地忍让、牺牲。可如果没人懂，又何必继续忍？

家是一份责任，爱情是家的氧气

以前，总认为家是一种负担，它束缚了我的自由。但母亲却责备我说，家不只是一栋房子，它还是一份责任！为人父母的，谁不想有个和睦的家，有个出人头地的儿女。那时我尚年轻，这些话听起来也不觉得有什么分量。直到有一天，我结了婚，有了自己的家，才终于明白，母亲的那句"家，是一份责任"是何等精确，简直算得上是六字箴言了。

那个炎热的中午，我跟老公吵了一架。其实也没什么大事儿，就因为我请假在家赶稿子，口渴发现没水了，烧了一壶水，从上午烧到中午，水壶就报销了，我压根儿不知道。老公下班回来，闻着味道不对，跑去厨房抢救水壶，结果，壶没救成，他的手也烫伤了。

就这样，老公劈头盖脸对我好一通数落。说我不知所谓，放着正经的班不上，动不动就埋头爬格子，也挣不了几个钱，没空做家务就算了，还弄得家里鸡飞狗跳的，差点儿出事故。太不像话了！"像画，像画我早挂墙上啦！"对于老公的指责，我严重不服。就算我码字再浪费时间，再不对，总好过他看片儿，玩游戏吧。

心情坏到顶点，任凭肚子咕咕叫着，我委屈地坐在电脑前，继续写稿。忽然，一个小小身影晃进屋，是儿子捧着大盘儿打卤面走进来，硕大的盘子与两三岁的孩子的小脸形成鲜明的对比。儿子甜甜地说："妈妈，吃饭了。爸爸让我送来的。"看着那可爱的小模样，纵然有再多的是非恩怨，火力冲突，都在那一瞬间彻底融化了。

自那次之后的几年里，白痴如我，还烧坏过两个锅，老公见怪不怪地把它们改成了花盆儿。当然，我发表的稿件也越来越多，只是业余写一写，就已经快赶上老公一个月的工资，这大概也是他包容我的原因之一吧。

如今，我们结婚十一年，也算老夫老妻了。呵呵，我有时会很矫情地喊他"老伴儿"，他白我一眼："干嘛呀？老太婆。"而且，我们吵架的方式也变得与众不同。

老公躺在沙发上看电视，我会把堆了三五天的脏衣服堆到他怀里，骂他是猪，歇班也不知道收拾家务。一边骂着，一边自己去把衣服一件件洗了。他有时明知道我忙，还故意找茬儿，理直气壮地指着花猫一样的地面，假装生气地责备我："看看，看看，两年没墩地了吧，你都懒成什么样子了？"但我知道，

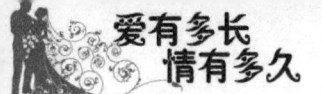

不出半小时,地一定会干净得能当镜子照。

这便是我们的围城。从不谈爱,也从不缺爱;算不上富足,却都很知足。所以呀,当你感觉不够幸福的时候,给爱情加点氧,为家庭担一份责任,把自己变成有担当的人,就好啦!

作为一个丈夫

你要懂得如何去关心和疼爱自己的妻子,尽最大努力在帮她分担家务的同时,又得想办法赚钱养家,是有点难度,但你那么棒,一定能行。把所有不切实际的梦想统统丢掉,只留一个基本而紧迫的愿望——让妻子和孩子快快过上好日子。

在特殊的时候,特别的地方,给爱人一个惊喜,留一段美丽的回忆,永远难忘的那种最好。爱人的生日,结婚纪念日以及那些非常敏感的时刻,送上你最最真心的祝福,让她感动到不知所措。如此这般,都是为了让自己的小家其乐融融呀!

作为一个妻子

你所关心的不应该仅仅是柴米油盐,及对丈夫衣食住行的照顾。更加有意义的,是要让劳累了一天的他感到家的温暖,感到心灵的蔚藉,感到爱的存在。在他晚归时,准备一杯热茶,一份宵夜,一池洗澡水,那满满的,全是家的付出与收获之间的幸福。

妻子不只是要对丈夫负责噢,别忘了,他也有父母,你们的父母,照顾好四位老人,甚至是更多老人的身体和心情,打理好所有与他相关的琐事。没有后顾之忧的男人,在职场上拼杀的特别凶猛,也最有成就感。

作为一个父亲

就更应该明白:家是一份责任。因为,你肩负着孩子的未来,他(她)的前途和命运都跟父母的教导与点拨有着息息相关的联系。你将会成为孩子的指路明灯，成为他们远航时的罗盘，甚至是胆小怯懦时的不败战神。所以，一定要在做好你自己的同时，也做好孩子的导师和榜样。

为了家，为了孩子，你得特别特别地努力和注意，把自己变成一个优秀的男人，超棒的父亲。

作为一个母亲

为人母亲的女子，很多都可以为孩子不顾一切。女孩儿的胆子一直很小，可自从做了妈妈，她一下子就变成了勇敢的女人。以前在蔬菜上见到个毛毛虫之类的小东西，就吓得丢下菜逃走。现在，身为人母，就完全不一样了。她居然可以赤手空拳去拿掉袭向婴儿床的蟑螂，然后，再放声大叫。老公问她，怎么敢这么做？她想都不用想就说："我是妈妈，有责任保护宝宝。"原来，这只是作为妈妈的职责，一种本能而已！

家，是一份责任。每一个成员，都是我们这个家庭拼图里不可缺少的一部分。我们的家，要想成为一个温暖的小巢，需要所有人付出不懈的努力。在家里，真情、欢笑都是发自内心的；父母、牵挂、爱，是那么真切地叩动着我们的心弦。就算你是一叶漂流的孤舟，习惯了辽远的大海，只要在暖暖的亲情之岸停泊过，就一定不忍轻易举步；就算你是傲雪的红梅，面对严寒性如烈火，在亲情的抚慰里，恐怕也要褪去那层厚厚的冬装……

如果，你犯了错误，或者与家人争执吵嘴，请都不要放在心上。深不深，骨肉亲，打断骨头还连着筋。所以呀，我们应该学会体谅、包容、友爱。家，不是一个讲理的地方；家，讲的是深深的爱，是浓浓的情，是重重的义；家是一份责任，爱是一种感动。

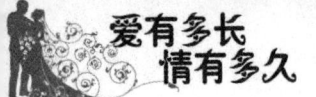

经典语录：

◆ 男人在家低头是最不丢人的，重要的是在外面闯，昂首挺胸很关键。懦弱更多是因为爱，有时候一段婚姻，一个家，何尝不是成熟与成功男人的避风港呢！

◆ 幸福是什么？是劳累了一天，回到家，一双小手吃力地攀上你的脖子，欢喜雀跃地叫一声妈妈；是深夜归来，倒在沙发上，瞥见一杯清香可口的安神热茶；是下班时间已到，你正面对眼前瓢泼大雨发愁之际，手机响起，老公温柔地说："可以走了吗？我就在你公司楼下……"

◆ 平凡如我，嫁得也普通，生活中难免遇到些狗眼看人低的家伙，努力壮大自己的同时，可否想过，干脆改名为"金香玉"？呵呵，让那些有眼不识咱的小厮们，后悔去！

◆ 网上寻欢最尴尬的事，并非遇到熟人。用手机摇一摇，没摇来美女，却把自己老婆摇过来，害怕、庆幸、愤怒，还是猜忌呢？你自己想去吧。

◆ 不是我们不懂爱，只因心底那份爱过分脆弱，又埋得太深，不敢轻易拿出来。

中毒太深，婚姻也要止损

站在婚姻的隧道深处，回头看，点点滴滴都是冰冷的伤；当你绝望而倔强地向前走时，会发现有点光，越闪越亮，那便是孩子。

爱有多疯狂，败就有多苍凉

苗苗爱死了豪门，为嫁个有钱人，当上贵妇，她曾经不顾一切地伤害了对她特别好的男孩。可当她跌跌撞撞真的冲进豪门，没多久，却有些后悔了。

"他是我的老公，却像对待宠物一般掌控我的人生；我不是模特，老公竟然以打造完美女人的标准，要求我不能长胖，要优雅，要有气质，要永远看起来都那么美丽。为了达到他的要求，结婚三年来，我从未吃过一顿饱饭。难道这就是我要的人生吗？在没有快乐，没有地位的家里，生活再富足又有什么意义……"

爱情与"面包"，你选择哪一个？苗苗选择了面包。她是个爱慕虚荣的女人，因为自己家境差，就一直梦想着通过娇美的脸蛋和可圈可点的身材来钓上金龟婿。妈妈说，女人工作好，不如嫁得好。看着公司里一个个拎名牌包的女同事趾高气扬地在她眼前晃来晃去，苗苗就格外不舒服。心中暗暗较劲儿：总有一天我要过上比她们更奢华的生活。

其实，苗苗有个非常要好的男朋友，他叫陈然，做动画制作的。他对苗苗也很关心，能容忍苗苗撒娇，给人感觉很踏实。可他属于尚未开发的潜力股，按照宁可同甘不能共苦的处世原则，苗苗没有选择消耗几年的青春等他发达起来，而是直接涌入相亲大军。

王林之就是苗苗在一次相亲会上认识的，34岁，虽然高大，却并不帅气，家里有车有房有公司，典型的钻石王老五。他很会哄女孩子开心，第一次约会

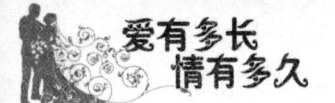

就带苗苗去喝工夫茶,很直白地夸苗苗的身材比模特还棒,白皙的小脸让玛丽莲·梦露嫉妒。如此讨好的话,陈然可不会说。他就知道邀请苗苗到各种各样的餐厅去吃私房菜,只要看到苗苗品尝美食时的陶醉模样,就一脸满足。显然两人一对儿吃货,苗苗都饱了,陈然还不停地笑着催促:"多吃点,多吃点。工作那么辛苦,营养跟不上可不行。"

他仿佛从来没考虑过多吃会变胖的问题,而王林之却体贴入微地想到了。周末,苗苗到王林之家中做客,第一次见到王林之的妈妈,那是位温柔优雅的贵妇人。她叫人拿出法国带回的巧克力和有名的小甜点,热情地招待苗苗。却被王林之拦下来,他告诉妈妈:"这种高热量的甜品太容易长胖,您可不要破坏我心中完美女友的好形象呀!"

在餐桌上,王林之的妈妈要保姆给苗苗添饭,又一次遭到王林之拒绝。他面带微笑,轻声说:"多吃些菜吧,米饭中卡路里太高。或者来个饭后水果,对皮肤有利。"

几分钟后,他很绅士地牵起苗苗的手,走到大厅里,围着沙发教苗苗如何做饭后百步走。王林之比苗苗自己还注重她身材的保持,生怕苗苗长胖了,如此疼惜实在难得。更让苗苗想不到的是,他一个大男人,连女生走路的姿势,举手投足这些动作都能诠释的很好,亲自指点苗苗如何才能变得更优雅,更迷人。

经常周旋于两个男人之间,感觉很累。有时,跟王林之约会聊得正高兴,陈然一个电话打来,恨不得嘘寒问暖半小时,害得苗苗要么不敢接,要么中途战战兢兢地挂掉。经过几番犹豫,考虑到各种现实的社会问题,和让人垂涎的上流人生活圈子,苗苗最终选择甩了陈然,跟条件不错的王林之一起。

随着跟王林之进入热恋状态,苗苗的虚荣心也逐渐得到满足。他送苗苗几千块的LV,买高档服装,成套的名牌化妆品,从来不问价钱,刷卡的时候眼睛都不眨一下。

只是有一点,他对苗苗的饮食控制得越来越一丝不苟。美酒佳肴,巨大的美食诱惑面前,也只准苗苗吃个半饱,还反复强调优雅的步态对女人的形体美有多大帮助等。当时,也许是让物欲和虚假的爱情蒙住了双眼,苗苗认为这一切都是可以理解的,王林之是爱她的,才会怕她身材走样。

男人嘛,谁没有点虚荣心呀!自己女朋友苗条娇美,带到朋友圈里也能撑场面不是。更何况王林之是有钱人,身边来往的漂亮女人多得去了,他的审美观自然要比别人强。如果苗苗既能保持魔鬼身材,又具备淑女气质,就可以从那些美女中脱颖而出,牢牢拴住这位商界精英的心了。

因为每天中午,王林之都要来公司接苗苗,然后一起去吃午餐,那么高档的餐厅,许多美味摆在眼前,苗苗却只能当看客,这对于嘴馋的苗苗来说简直就是一种折磨。回公司的时候,王林之每次都是送到门口,而且马上就到上班时间了,赶的很紧,想在路上买点吃的都不行。经常都是饿着肚子工作一下午,从座位站起来,时不时眼前会闪星星。

终于,不久后王林之向苗苗求婚。蓝色妖姬很漂亮,戒指上的钻石也很大,可苗苗却没有预想中的那么快乐。带着复杂的心情,苗苗接受了钻戒,也接受了成为王太太后不得不离职的现实。

其他的都无所谓,苗苗只希望婚后王林之能改变对自己的态度,别再动不动就让老婆节食了。"本姑娘173cm的身高,已经剩下不足100斤的体重,这简直就是骨干式的剥削嘛。"

他们去欧洲度的蜜月,因为苗苗体力不支,昏倒在沙滩上。明明是营养不良,王林之却对酒店服务生说:"我太太只是有点累了,休息下就好,没关系的。"如此好面子的男人,简直让人哭笑不得。

蜜月回来,幸福的婚姻生活才刚刚开始,王林之就为苗苗报名了各种让人头疼的培训班。学瑜珈,学古筝,还要学体态礼仪等。他说,"一个女人培养良好的气质非常重要,不仅能给自己带来自信,更能让身边的人得到视感愉悦的效果。第一次看到你的时候,我就觉得你有这样的潜质,皮肤像青花瓷一样白,嫩得可以掐出水来,身体线条优美且匀称,只不过胖了点,我对前凸后翘的骨干型美女更有兴趣,所以才一直费尽心机地打造你,难道你还不明白我的

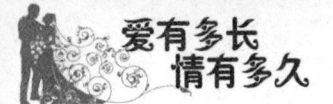

苦衷吗？"

苗苗真的不明白，这么苛刻到细节的一个人，喜欢上自己，竟然仅仅是因为身材，他一心想把苗苗变成他心中最完美的女人，可有没有考虑过苗苗的感受呢？每当自己做得一桌好菜，看着老公吃得津津有味，而自己却被禁筷之时，苗苗的心里也百般无奈，五味杂陈。那一刻，眼泪不由自主地落下来，苗苗想到了陈然，那个无时无刻不在关心苗苗会不会营养不良的经济适用男。

万万没有想到，婚后的王林之会对苗苗的苛刻程度变本加厉。他不仅不准苗苗多吃东西，有时还动用了家暴。准确地说，是苗苗遭遇了一场冰淇淋风波。自从嫁给王林之后，冰淇淋的味道，苗苗已经快想不起来了。

那天，闺密约苗苗去逛街，大夏天的，回来已经是中午，天气很热，闺密开车送苗苗回家，她在小区楼下的超市里顺手买了两碗冰淇淋，王林之午饭时间基本都在公司，苗苗不想也没好意思推辞。然后，两人吃着有说有笑地进门。只见坐在沙发上的王林之死死盯着苗苗手中的冰淇淋，气不打一处来，一把抢过去丢进垃圾箱。还很大声地凶苗苗，"你怎么搞的，这么大人了，一点都不知道自爱。你知道吗？我为替你保持这副好身材花了多少心思，投了多少钱呀？"

闺密惊慌地逃离事故现场。夫妻俩大吵一架，王林之将手中的咖啡杯重重摔在苗苗脚下，就甩门出去了。结果，飞溅的碎片割破了苗苗的脚。

晚上，王林之没有回家。苗苗打电话去他妈妈那里诉苦。第二天，婆婆赶过来劝苗苗。还亲自打电话给儿子，叫王林之一定要回来吃饭。

王林之回来了，铁青着一张脸仿佛全家都欠他的钱。桌子上摆满了苗苗亲自下厨做的饭菜，婆婆说的对，出嫁的女人应该懂得宽容，只要彼此没有背叛婚姻，就没什么过不去的坎儿，两人意见分歧可以坐下来谈嘛。没等苗苗开口，王林之劈头盖脸大声嚷道："为什么把我妈请来，咱们之间的事干嘛扯上我妈，你是我的女人，要么乖乖听话，要么各奔东西……"

难道这就是苗苗放弃自我，为之付出三年的婚姻？她哭得伤心极了。"我是个人，不是你王林之圈养的一只宠物，想怎么折腾就怎么折腾，只要给点甜头就会死心塌地任由你去摆布。我有自己的思想,不要做花瓶,不要被践踏的自尊。只想跟你一起,过正常人般的生活,请给我一个女人最起码的幸福,有那么难吗?"

苗苗从婆婆那里知道,王林之的初恋是个瘦削的女孩子,当时就因为那姑娘家境不好,婆婆阻止他们来往,两人难舍难分,被迫分手的女孩一时精神恍惚,出了车祸。这件事在王林之心里始终是个结,他放不下。接下来找的所有女朋友都很瘦,跟苗苗结婚,也是因为她的长相有几分酷似他的初恋。

婆婆的话像一枚炸弹,将苗苗之前的幻想炸的粉碎。原来,自己只不过是别人的替身,她追求的所谓幸福,是位已故的女子施舍给她的。

她累了,嫁给一个让她连饭也吃不饱的男人,自己又是何苦。不能大声笑,不能随便坐着,吃饭、走路、说话,无时无刻不在担心被老公指责,这哪里像是家呀。苗苗甚至想,若时光能倒流,退回到从前,能嫁给陈然那种让她充分享受美食的男人,哪怕变得像只胖猪她也认了。幸福怎么可能在原地等你?如今,陈然已做她人夫。

"离婚吧,哪怕一分钱赡养费没有,都没关系,我太需要吃顿饱饭了。"苗苗终于决定了。人可以没有傲气,但必须有傲骨。谁离开谁活不下去呢!

婚姻非稻草,死握住也救不了命

我曾经受一位杂志社编辑的邀请,给一些热爱写作的年轻人上课,教他们如何写创业稿,及怎么做人物采访。有学员问,用什么办法打动被采访者?我

——做了列举。他又追问道:"如果我该说的话都说了,该做的努力也都做了,对方仍然不同意我采访,我要怎么办呢?如何争取?"我笑。"既然你已经尽了全力,那还有什么好争取的。放弃他,找个比他更有采访价值的人也就是了。并且,用你的实力去证明没被你采访,是他的严重失误与损失,叫他后悔去。"

爱情又何尝不是如此呢?爱他(她),你已用尽了全力,离开一个不爱你的人,有什么损失?相反,他(她)失去的却是一个可能再也不会回头的真爱。肠子是不是悔青了,只有那些背叛的人自己知道。

始终专一的男人,有吗?可能有。也许他的女人非常值得他用一生去守护;但也许,他现在不犯错是因为条件不允许,或担心代价太大承受不起,并不表示一辈子不犯错。

任东升,一个看似老实巴交的东北爷们儿。他本科毕业后,始终在一所初中教书。与妻子成艳秋相识是通过朋友介绍,当时成艳秋在读硕士研究生,任东升工作的中学距离她读研的院校很近,两人彼此印象也还不错,谈了两年就成了。

结婚第二个月,成艳秋就收到博士录取通知书。同事们跟任东升开玩笑,说他赚了,娶了个女博士。任东升只是笑笑,也没说什么。

可随着妻子博士毕业,分配到大学任教,两人的收入差别就特别明显了。成艳秋每月基本工资四五千,任东升加上奖金也才两千多块。他感觉家庭地位明显在下降,尤其是女儿蕊蕊出生之后,几乎全部的家务都落在任东升肩上。别家都是女人休产假,他们家却反过来。

由于成艳秋参加工作时间短,产假期间单位只给一千多元的生活保障金。为能多存些奶粉钱,成艳秋只休息两个月就去上班了。成艳秋父母不在身边,任东升的母亲又走得早,他只得请假与父亲轮流照顾孩子。

直到女儿快两岁时,上了幼儿园,任东升才开始正常的工作。而此时恰逢学校换校长,新任校长对任东升重视自家孩子,无暇照顾别人孩子的行为特别不满,认为他不是位称职的老师。连续几次找他谈话,搞得任东升很没面子。

在家当煮夫不算，在单位又成了垃圾股，任东升不服气，决定辞职，去南方闯荡一番，看看有什么生意可做。

任东升的老父亲很支持他，他认为男人就应该有自己的一片天空，不能总被女人压制着，抬不起头来。老人拿出十万元积蓄，让儿子做本钱。妻子成艳秋虽然不赞成，但他们要存钱买楼，养孩子，如果任东升真能混出个样儿来，家里的生活最起码比现在好过。而且，老公公都掏钱支持了，还承诺帮忙带蕊蕊，她也不好再反驳。于是，任东升联系在上海工作的大学同学，替他留意一下有什么好的赚钱项目。

同学告诉任东升："东北的黑木耳在南方销量挺好的，还有什么人参、鹿茸、鹿胎等森林动物制品，只要是营养滋补养生类的，南方人都喜欢。最近市面上流行一种叫林蛙油的在这边超级受欢迎，你可以进一些货到这边来卖。"

任东升在同学的帮助下，迅速打开了上海和江浙一带的市场。短短一年时间，不但收回成本，纯利润居然达到二三十万。任东升乘胜追击，又在广东、福建等地开设销售网点。

几年后，任东升成了名副其实的有钱人。不但在东北付全款买了房，还在上海悄悄置了一栋别墅，在别墅里养着个年轻的研究生小女朋友。

女孩叫史小梅，家是广西的，到上海读研究生。他们相识是在招聘会上，史小梅想找份兼职，既可以边上学边赚点外快帮衬家里，又能增加一定的社会经验。当时的任东升创业没两年，他被史小梅简单清纯的外貌和积极向上的性格打动，破格录取了这位兼职业务员。

任东升的事业越做越大，史小梅也读研二了，两人感情逐渐升温，就搬到一起住。任东升不知道出于什么心理，他对公司上下隐瞒已婚的事实。三十出头的黄金单身汉，仿佛是很让女人们着迷。史小梅先下手为强，同居半年多就怀上孩子。任东升喜欢儿子，女儿蕊蕊再漂亮也弥补不了将来事业无子继承的遗憾。所以，他决定让史小梅把孩子生下来。

天真的史小梅以为，只要有了这个孩子就能牢牢抓住孩儿他爹。但是，她错了。在她怀孕期间，虽然依旧住在别墅里，可任东升以开发福建沿海市场为

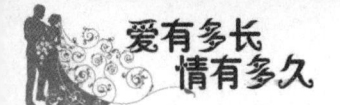

由经常出差，即使在上海，也总有各种忙。十天半月也见不到一次，更不用说撒撒娇，得他片刻温存。

研究生毕业典礼，史小梅挺着五个多月的大肚子独自去参加。有位女同学讥讽道："亏你还是个高学历的知识女性，大姑娘替人生孩子这事儿你也干得出来，真给咱们学校丢人。"

史小梅毕业照都没拍，就哭着跑回家。她给任东升打电话被拒接，气急败坏地发个短信过去，再不出现就别想见到我和儿子。

几分钟后任东升把电话打回来，告诉史小梅，自己在广州医院呢，公司有位员工开车送货时撞了人，正在处理，让她安心在家，不要添乱。"实在不想待着了，就回广西老家住几天，让保姆陪你去，需要多少钱，我晚上抽空给你转到卡里。我这边的事儿，怕是没两月处理不完。"

史小梅知趣地回了广西，而此时的任东升却带着另一个女人来到上海。是他在网上认识的新欢，一看就是位知性女子，还有个相当淡雅的名字"倪嘉"。

以前史小梅曾跟任东升开玩笑，说他是老牛吃嫩草，不但找了个比自己小六岁的女友，还是硕士，学历也比他高，真是捡着宝了，要懂得珍惜。任东升撇撇嘴，心想，我家老婆还博士呢，不照样独守空房，你一个硕士有什么了不起。史小梅怀孕期间，任东升耐不住寂寞，就想能不能再钓个博士当女朋友，就在网上认识了比史小梅还小一岁的倪嘉。

任东升告诉倪嘉，自己家在上海，有套小别墅，将来如果能一直生活在一起，可以跟倪嘉留在广州。趁史小梅不在，任东升带倪嘉到上海痛痛快快地玩了半个月，晚上就住在自家别墅里。对于家中的女性用品，不等倪嘉问，任东升就解释得非常坦然。"我表妹在上海读书，放假的时候偶尔回来住几天。她是我在这座城市唯一的亲人，希望将来你当了女主人不要介意我给她留个房间。"

倪嘉深情地看着眼前这个轻描淡写，却让她感觉非常有责任心，有担当的好男人，无比幸福地扑进他的怀抱……

史小梅生了，又是个姑娘。倪嘉也怀上了，倪家父母开始催婚。为了慎重起见，任东升决定男孩留下，女孩打掉。他一边拖延时间，一边买通医生，当医生告诉他倪嘉怀的是男孩儿时，任东升乐坏了。心想，这孩子必须留下。他告诉倪嘉，自己虽然长住上海，户口之前却在东北，一直在办理迁户口的事，还没办完。"要不然我们先举行婚礼，等户口的事儿搞定了，再去补办结婚手续。"

就这样，儿子出生了，结婚证还没领。不光倪嘉催他领证，还有一个史小梅呢。她见任东升始终不肯给自己和女儿一个名分，就跑到公司去闹，结果被保安赶出来。史小梅突然想起，任东升在东北老家还有位老父亲，凭记忆寻着身份证上的地址找过去，竟发现他还有妻子和女儿。这下任东升的后院火起大了，老爷子和两个老婆、两个女儿一起赶赴上海，找任东升当面对峙。

任东升躲着不敢见，他不停地发短信向妻子道歉，让成艳秋再给他一次机会。只要不离婚，他什么条件都肯答应。成艳秋在上海等了任东升十天，看着匆匆忙忙的上班族，及上海外滩不停拍照想要留住记忆的过客们，她淡然地笑了。其实早在几年前，这个男人已经走出自己的生活，何必要抓着婚姻不放？那又不是什么救命稻草，谁需要，谁拿去。她现在更想要自由。

成艳秋一纸诉状将老公任东升告上法庭，要求离婚。警方在受理这起案件时，又挖出他与两位女性的重婚问题。一个是任东升在广州名义上的老婆倪嘉，还有一个情妇，也是博士。

世人纷纷感叹，二博士一硕士共侍一夫，这些高学历的女人情商都哪儿去了？难道她们就这么恨嫁？以至于到了被人欺骗而不自知的地步吗？

其中最渴望得到这段婚姻的是史小梅，她需要一个依靠，而结果呢？她亲手打碎了自己的梦；最不能接受的是倪嘉，孩子还在襁褓中，父亲已经被关起来了；最看似无辜的是成艳秋，嫁给任东升近十年，青春殆尽，他却用一堆风流账将他们的婚姻摧残得体无完肤。然而，这一切又能怪谁呢？只怪他任东升一个人？

事已至此，女人们应该学习站起来。如果你是个独立的女子，你完全可以自己养孩子，类似的坏男人不值得留恋。纵然爱过，你需要的不过是他一颗精

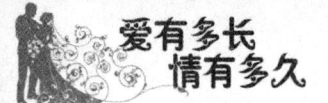

子，既然已经在你腹中变成孩子，他的贡献也宣告结束，又何必介意他离去。若你还心有不甘，就反过来想想，你失去的是个不再爱你的男人，而他失去的却是依然爱他的女人，傻瓜也知道谁更吃亏。既然如此，放手吧！

之所以拖泥带水，说明还有余情

爱情的岁月如女人的长发，不断增长，却越来越觉得缺少养分，干枯，而无光泽，又有谁愿意用生命的鲜红将其浇灌出生机呢？

我们都是自私的人，不敢轻易触碰爱情，却又渴望一份真诚，爱自己胜过爱别人，在茫茫人海寻找缘分的同时，我们的生活和事业成了很重要的一部分。更想得到大家的认可，得到一个真正属于自己的位置。

禹姐是个艺术家，也是位诗人。她离过两次婚，不想再失败，后来就一直孤单着。她的诗很特别，她也一样很特别。

"黎明最黑暗的时刻，精灵们动用了全身力量，想要把这一瞬间留住，但该走的依然会走，该来的依然会来，他们显得那么无能为力。"

"走到太阳底下，让我看看你灵魂的样子，一个把爱挂在嘴边的男人是不成熟的，但一个吝啬爱的男人是不可爱的，而虚伪的女人们喜欢选择前者，而我不同。真想把爱做成气球，需要时放大，不用时压缩收紧。"

禹姐的绘画作品就像开放在黑夜的倔强玫瑰，即使看不到它的美，那傲人的香气也会沁人心脾，叫人陶醉。画册的旁边偶尔会缀上几句话：寂寞时也想过，孤单是罪，缘分错过的，舍我其谁？多年之后忆起你，还是心中最痛的眼泪。

　　旁观者只是看热闹，觉得画好，诗更好。只有了解禹姐的人才明白，那诗是写给她前夫的。雷峥是禹姐的第一任老公，他很能干，刚结婚那年，小两口挺亲密。老公在外打拼，她像所有居家女人一样，默默地担起家庭的重担，可是，平淡的生活让他们渐渐感到无趣，爱情被柴米油盐排挤，躲进角落，他们麻木着，渐行渐远……

　　朋友说："我很担心自己的工作、婚姻和未来。"禹姐笑："我比你担心的少一点儿，因为再这样下去，我的婚姻根本看不到未来。"

　　有时候，女人就像个纺织女工，不停地缝补爱情的破洞，可到头来，又会在针角的末端裂开口子，让人始料不及。与其这样，不如换件新衣服。记得小时候，常说的一句话就是：等我挣钱了，一定把自己打扮得漂漂亮亮，每月，不，最好每个礼拜都添新衣服。可自己真正长大了，突然就明白，钱是好东西，它可以做很多事。不一定非得拿来买那些花花绿绿的，未必能穿得着的衣服。

　　钱可以叫一个贪玩成绩差的孩子去读重点学校；也可以让一文不名的演员突然就名声鹊起；还可以使年方18的妙龄少女心甘情愿做与她爷爷年纪相仿的糟老头子的情妇，等等吧。总之，如果你把金钱当成上帝，它便会像魔鬼一样折磨你。

　　禹姐和雷峥离婚了，带走他辛辛苦苦挣来的，一半的家产。不久后，便嫁给对她百依百顺的第二任丈夫。禹姐在大学里学的是设计专业，在雷家当了三四年的居家小女人，成天围着厨房转，照顾老人和老公，把那点设计天赋全部都磨没了。只剩下唯一可以做的，就是画画。于是，她一直画，一直画，画到手头拮据，画到第二任丈夫对她反感。大吼着数落她，成天什么都不干，就知道拿支破笔在那里画，我的薪水养咱们两个已经很困难了，还必须养着你奢侈的狗屁嗜好，你真当自己还是阔太太呀？

　　"也许老天对我太吝啬，终舍不得赐一份真爱给我，如果明天永远是今天的复制，如果人总是面对一眼可以看到的未来，那明天还有什么意义？我觉

得,五年后的你,仍徘徊在今天的路口,我一定一定不会在这里等你。上帝呀!请把这个不知进取的家伙从我生活中带离。"

就这样,第二任老公也被禹姐开除了。这次,换她损失掉一半的家产。两次婚姻失败之后,禹姐开始反思,她可能是太想得到幸福了,才迟迟得不到。也可能总把第二任与雷峥作比较,越比越觉得比不过,他尽管体贴顾家,却仅仅是个伪成长、纯故事股,没有太大的操控空间,升值潜力更是不敢恭维。所以,在心里先把人家看扁了。那禹姐对雷峥会不会还有余情呢?这不好说,毕竟雷总也已经有了再婚对象。

禹姐再离婚后的三年间,过得很不好,她的画室就像个吃钱的怪物,恨不得吞掉她所有积蓄,仍旧嗷嗷待哺。她不得不暂时放弃油画,主要画漫画,并接一些小插图来做。

禹姐就仿佛突然间被钱咬到了,失去青春的活力。不化妆,不做头发,除非必要没买过衣服,就算买,也都是些便宜货,有人问起,就说对化妆品过敏,喜欢小店更新的速度。其实,只要跟钱过不去的,哪一样她是不过敏的呢?因为那会儿她是真心缺钱呀!危机总会过去,但在此之前,留给人们的压力恐惧与伤害却不是一朝一夕能解决的。

雷峥听说禹姐的情况后,几次三番地想从经济上帮助她,都被婉拒了。她是个倔强的女人,不需要可怜,尤其是已婚男人的帮助,她还不起,也不准备被拖下水。尽管,禹姐发现自己可能还爱着他,却再也回不去了。那又何必有什么金钱瓜葛,让他的现任妻子担心。

终于,禹姐遇到她生命中的伯乐,一位欣赏她和她的画的男人。卜柯凡是位酒店收购专家,有很高的艺术鉴赏力,他为禹姐的画着迷。认为没有高超画技和相当丰厚阅历的人是画不出如此作品的。

卜柯凡从来没有说过要帮助禹姐,只是"刚好"认识风险投资的朋友,约在禹姐的画室附近喝咖啡,谈事情,出于对朋友的关心,"顺便"去画室看禹姐,那位投资人朋友盯上了几幅图。于是,他决定掏钱为禹姐办一次大规模画展,并把一些漫画作品集结出书。就这么简单,看似卜柯凡什么都没做,但禹姐却成为了当地有名的漫画家。

虽错过如花岁月,禹姐竟也凭天生丽质、多才多艺嫁了,而且过得还蛮好。禹姐幸福地讲述他们的爱情:"他不是在帮我,而是关心我,像朋友一样关心。他特别懂得尊重女士,跟他在一起,如沐春风,有越活越年轻的感觉。"

禹姐也已经不记得她多久没有再提到过雷峥,偶尔接到前夫的节日问候电话,心情平静如水,看来该过去的,都过去了。

爱你,我尽力了,不懂珍惜,何必再回来找寻那桶已经泼出去的水!一直以为失去你生命毫无意义呢,结果不然,竟也可以活得更好。所以,失去一段坏死的婚姻,其实真的没什么了不起,就像人体终究要新陈代谢掉的表皮细胞,污垢一样的,很轻易便洗去了。哪怕是受过伤,擦些药也会慢慢愈合。看来呀,"余情"这东西,还是留给朋友比较好。

为失婚心塞,为儿女"被坚强"

在围城里,结婚的女人如同一枚盖了章的邮票,无论多有价值,只能装在册子里,封存成回忆,或等待易主的命运。它再也不会像一枚崭新的邮票那样,寄托出希望,或承载任何有新鲜含义的东西。除非你相当有内涵,在集邮者手中能实现不菲的价值。

而男人则不同,他们是股票,就算跌得再惨,只要扛得住,持续持有,也能等到翻身的时候。打个比方,40岁的男人离婚了,根据他自身的条件,可以去找二十多岁、三十多岁或四十多岁的女人再婚;而一个40岁的女人离婚

了，即使长得再漂亮，再有钱，也很难嫁个二三十岁的如意小郎君。纵然人家敢娶，恐怕有些姐姐还真不敢嫁。

得，言归正传。身为一个纯爷们儿，在你每吃一口佳肴，近半点美色之际，请把手放在心口想想为你持家粗糙了娇嫩双手，熬出许多皱纹的老婆。她曾经也是岳父母家中刁蛮的公主，只因为突然冒出个莫名其妙的你小子，从来未沾过阳春水的纤纤十指，她心甘情愿磨出老茧，褪去稚嫩。如果你还有点良心，给这个曾经爱过，至少为你生活付出过的老婆留下仅存的自尊和自由，别让她最后一个知道，你已不爱了，趁早放她走。

在看客们眼中，男人做错事似乎很平常，很容易被原谅。其实，女人出轨才更应该被宽恕和理解好吗！我不是在为女同胞开脱，敬爱的先生，请问您一周内陪太太吃了几顿饭，聊过几次天，看过几次电影？她除了解你存折上的数字，还知道你什么？当然，可能有些女人连老公的存折都不知道放在哪里。你是她的提款机，还是可以过一辈子的伴侣？女人到底怕什么，你知道吗？不是穷，是一日三餐的孤独！

像我这样猪头般脑袋简单的吃货就更容易满足：餐餐管饱，快乐就好。女人们之所以爱钱，是因为害怕，缺少安全感。如果爱没了，金钱自然成为安全感的最佳备胎。

看过一句美国谚语受益匪浅。If you want to jump over the wall, first you have to throw your hat to the other side！ 如果你想翻过一堵墙，你得先把你的帽子扔到墙的那边去！这句话看似荒唐，却非常有道理。如果你不对自己狠一点，还真是不知道自己有多少潜能未被激发。有时，要特别感谢一下背叛，让你可以发现自己原来这么优秀。

罗名扬和贺君是经济联姻，但很不幸的是，结婚头一年，贺君的父亲就出了严重车祸，成为植物人，在医院里一直躺着。原本他旗下掌管的项目都派给代理总裁去执行，新总裁自然排除异己，用自己的亲信做事。因而，罗名扬家的生意再次受到冲击，他和父亲四处跑投资、找贷款，希望能挽救公司。

不巧的是贺君怀孕了，她根本就没打算要孩子，尤其是这个时候。贺妈妈说:"趁你爸还在,留下这个孩子吧,给咱家添点儿喜气儿。"

贺君听了母亲的劝说,决定生下孩子。可由于事业不顺,生活压力,罗名扬把怨气都撒在贺君身上,怀孕的她非但没得到什么照顾,反而活得又辛苦又累。罗名扬的继母刚开始还逢场作戏般地调和两句,后来,见怪不怪了,再遇到小两口吵架干脆绕道走。

女儿小米出生时,生命体征微弱,28 天内抢救了三次,总算活下来。最后一次抢救过程中,罗名扬甚至想过放弃孩子。他说,就这样连续抢救,大脑时不时缺氧,长大可能会影响智商,如果是个智障儿童,那将是全家人一辈子的负担。

贺君不管这话是罗名扬本意,还是医生告诉他的,总之,她身为妈妈,有义务让自己的女儿活着。她是个生命,没有人可以剥夺她活下去的权力。

小米活下来了,罗家彻底破产了。罗名扬的继母说,小米是个不吉利的孩子。罗名扬居然无缘无故就向贺君提出离婚,还说什么跟着他会背债,会吃苦。贺君说:"不怕,我们可以做患难夫妻。"继母白她一眼,进屋去了。

从此,仿佛每个人都给她们母女脸色看似的,但贺君依旧忍气吞声,她决定尽量不与老公吵架,摒弃前嫌,好好地过日子,给孩子一个完整的家。可能她想的太天真了,在这个家里,只有她很努力地想要保住婚姻,罗名扬经常莫名其妙地找茬儿吵架。

原来,他跟结婚前的那位女友一直藕断丝连,想方设法地离婚,抛开小米和贺君父亲这两个大包袱,他可以迅速投入旧爱的怀抱中去。看来当富二代也不见得是好事,连和自己喜欢的人厮守都没权力。

"从女孩到女人,再到妈妈。我走过了父母安排的全程,却始终未找到属于自己的幸福。如果当初做了逃跑的新娘,不知道现在会过成什么样子,但我想可能会觉得羞愧,无颜面对父母吧。但现在,他从婚姻里逃跑了。"贺君伤心地想起一部电视剧中的情景:"无耻,趁人病,要人命,说的就是你这种渣男,你判人家死刑,总要给个理由吧。"渣男的回答是:"死人不需要理由!"

贺君失婚了,她抱着女儿小米好一阵痛哭之后,走进娘家的大门。不久

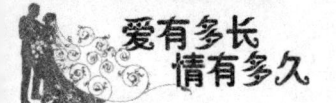

后，贺父离世。贺君把女儿交给妈妈照顾，自己出去找工作。可她自大学毕业也没正经上过班呀，哪个单位会用她。贺君碰了一圈儿壁，正坐在广场一角啃面包，手机响了。妈妈告诉她，小米忽然高烧，抽风，救护车到了，让她直接去医院。

果然被医生说中，一岁的小米只能咿咿呀呀，不会说话，只会爬，不会走，动作和反应比普通孩子慢半拍。医生告诉贺君要特别注意，别让孩子抽风时咬坏舌头，那就更难发声了。

为了方便照顾女儿，贺君跟妈妈商量卖掉家里的别墅，开办了一所幼儿园，有一个班专门接收生理和心理有点障碍的孩子，并请了非常专业的辅导老师和看护。两年时间，包括小米在内的十个孩子，都得到了很好的康复训练，比预想中恢复得还要好。有位家长激动得热泪盈眶，连连给贺君鞠躬。"我的孩子在家教了五年，都不会叫爸爸妈妈，在您这儿，他会说了很多词语。太感谢您了！"

现在小米已经七岁了，她的智商基本上能达到正常水平。也就是说，她能像健康孩子那样，读小学，读初中，甚至上大学，医生都认为这是个奇迹。贺君也连续几年被评为市劳模、"最伟大的母亲"。

这个曾经娇生惯养的女孩，在做了妈妈之后逐渐坚强勇敢起来。她不仅用母爱浇灌了自家孩子，还温暖着千万拥有残障儿童的家庭。真了不起！

果断放手，止损少赚些却亏不惨

爱一个人你可以爱到没有他就无法生存，但这些完全不需要让他知道。无论恋爱或者婚姻，都得讲技巧，要半真半假，有时还得揣着明白装糊涂才行。两个人之间，距离太近会少了私人空间，太远吧，又担心生分了。最好是若即若离，有朦胧之美。强调一点：别犯花痴病。花痴女人是找不到爱情交点的，因为她脑袋左边是水，右边是面，走路晃一晃就糨糊了。

如果嫉妒别人老公更有情趣，更懂体贴，也不要直接去和你的那位吵嚷，要学会旁敲侧击，引人注目，惹其怜爱。这招不行，就换个方法，怜香惜玉是八成男人与生俱来的美德，不让他用一用岂不是浪费了？

好的婚姻可以成就一个女人，而坏的婚姻却会毁掉一个、甚至几个家庭。除非你是打不死的"小强"，在暴风雨中撒欢儿的海燕，准备玩一玩涅槃的凤凰，不然的话，劝君认清恋爱对象，谨慎再谨慎之后，方可钻进围城。不然就会像"祖母级模特"卡门·戴尔·奥利菲斯那样，一次次从婚姻中败下阵来，但谁又能保证自己有卡门那样的毅力、人脉和机遇？

卡门14岁时，被《Vogue》传奇女主编戴安娜发掘，第二年就成为《Vogue》最年轻的封面女郎。这位单亲贫苦人家出来的小丫头，每小时的收入让中产阶级羞愧。

可惜的是，16岁的卡门爱上一个大她十岁的二婚渣男，为他几次堕胎。自从21岁结婚，卡门便开始为这个男人支付他前妻和儿子的抚养费，直到家

里经济吃紧，卡门才发现丈夫不仅吃她的、用她的，还拿她的钱到处去玩女人。而此时女儿劳拉即将出生，卡门天真以为孩子能唤醒丈夫的爱，但是没有。三年短暂的婚姻终于结束，只换来卡门一夜白头。

为生存，也为转嫁失婚的痛苦，卡门拼命地工作。四年后再婚，卡门未改低情商的冲动，对人家还是掏心掏肺，倾其所有帮助那个男人的事业，结果，那男人小有名气，她却成了多余的。第三、第四次婚姻同样是以失败而告终，47岁的卡门被打回原形，贫困和疾病的魔爪开始撕扯步入老年的她。

地球人都知道，模特是吃青春饭的行当，但年近五十的卡门并没有安于天命，她缺钱又缺爱，目前唯一能搏一搏的就是事业。时尚摄影之父诺曼·帕金森助了她一臂之力，47岁复出，卡门又站在时尚的巅峰。

然而，挣钱的速度永远没有败家的速度快。接下来的二十多年里，卡门经历了投资失败，被再婚男人的亲信席卷全部财产等一系列悲剧。人们只看得见80岁的卡门还站在国际时装周的秀场上，但谁又知道，她为什么会站在那里？她不累吗？

她的累是自己找的！不是我狠心毒舌这位奶奶辈儿的世界名模，她的确承载了半个世纪的美。只可惜她看爱情的眼光太短浅，对婚姻的态度过分草率，又不懂得果断放手，及时止损，非要在每段感情里都伤得体无完肤才肯撤出来，这种作法不仅是固执，更是对自己和子女人生的不负责任。

创业者大可向卡门奶奶看齐，在越挫越勇中提升自己；女人们也可以学学她跌倒了爬起来的速度，为人处世的豁达，以及对美丽的不懈追求，其他就算了呵。

不管婚前婚后，你的头脑都必须要保持清醒。女人昏了头可以结婚，如果再昏了头去掏钱出来养男人，恐怕下半辈子就要老无所养了。

前些天，老爸摔伤住院，同屋还住着另一个病友，是位小姑娘。她大概二十来岁，锁骨骨折，没事闲聊的时候得知了她受伤的全过程。

小姑娘的自行车被同学借走了，临时有急事出去，只好借其他同学的一辆电动车来骑。以前她没骑过电动车，车主告诉她很简单，就和骑自行车一样，只是不用蹬，转动一下右手车把就能走。

小姑娘推了电动车出来，人还没坐上去，就想先试试是否像同学说的那么简单。岂料，她一转车把，电动车冲出去了，她还双手紧抓着车把不放，结果连人带车直奔墙角撞去，导致锁骨骨折了。她双手紧抓着车把，也不可能把电动车拉回来呀，又何必执着？这只是一辆电动车而已，如果是爱情呢？这样抓着不放的后果又会是什么？两败俱伤。

婚姻与玩股票有几分相似，爱的时候需投入，但不要忘我，不爱了，请及时止损。六月底，股市大跌，一周之间沧海变桑田般地从5100多点，飞流直下1000点，第二周继续掉落。聪明人在股票点数疯涨的时候已经感觉出不对劲儿，赚了些钱就跑了；贪婪的人总想赚的更多，盼它涨了再涨，结果被套住；胆小的人为了解套，损失了一点点；不甘心的人一直攥着，舍不得割肉，最后输得更惨……

我要好好的，从你人生中潇洒退场

黄维利是个八面玲珑的男人，才40出头，就当上地方石油公司的高管，属于单位里一匹黑马，前途无量。

妻子孟丽娜在教育局是个小科员，为更好地照顾黄维利和儿子的生活起居，她十几年如一日，没参加过竞选、升职。用老公的话说，她已经沦落成专职保姆和儿子的陪读了。

孟丽娜平时也没什么特别的爱好，工作闲暇时喜欢看书，原先是抽屉里总放着一两本书，后来，看手机上的电子书。渐渐地，只是看已经觉得不过瘾了，就开始动笔写。最初写在纸上，东一张儿，西一张儿，都收在一处，利用周六日休息时，把它们输入电脑里。后来，干脆拿个日记本和笔放进背包，随时随地想到什么都可以写一写。

办公室有位实习的女大学生，见孟丽娜如此迷恋写作，提议说："孟老师，现在网络作家挺火的，你这么喜欢写东西，不如签一个网站，把作品发到网站上，说不定点击量高了还能拿到稿费呢。"

孟丽娜谦虚地笑笑。"我就是瞎写，想起什么就写点什么，也没有个完整的计划。人家网站能跟我签约吗？"

"那就从现在开始计划呀！构思本言情小说，穿越小说，只要是小姑娘们喜欢的都行。而且，只要文字通顺，更新快，就能上架，到时候你火了，可别忘了我呀！"

其他同事全当小孩子的痴人说梦一听而过，孟丽娜却当真了。她只要一有空就开始构思，上网查别人的文字，看看哪一类点击量高。以前只是偶尔写些东西放上网，发泄一下生活中的情绪，领点儿粉丝关注。自从有了新目标，她开始废寝忘食地酝酿自己的大作。

黄维利知道老婆每天熬夜是为写网络小说后，笑她太天真，白浪费时间。"那些都是小孩子玩的东西，你这个年纪凑什么热闹。咱儿子马上就要读初三，你还是好好想想怎么帮他安排复习，考上重点高中才是眼下最关键的。"

对于老公的不屑一顾，孟丽娜虽受打击，却并没有放弃。只是尽量少熬夜，把更多精力用在协助儿子读书、搞好后勤工作上。

周末，学校老师让买一套中考模拟试题，孟丽娜一天时间几乎跑遍了市区的大小书店，全都没有。有位店主建议她去省会看看，坐火车才不到两个小时，千万别耽误孩子的学业。孟丽娜这才想起，老公黄维利在那边开会呢，说是周一早晨才能到家。叫他买了捎回来，肯定不耽误儿子上学用。

孟丽娜打老公的电话，先是不接，后来干脆关机。周日上午再打，还是关机。没办法，她只好立刻跑去火车站，买了去省会的车票，自己去买模拟试题。

上午11点多，试题已经纳入囊中，还剩下大把时间，孟丽娜准备吃个饭，逛逛商场再回去。她为儿子买了双运动鞋，给老公买了件西装，最后来到女士专柜，挑了件裙子，走进试衣间。

不一会儿，就听到隔壁间有个娇滴滴的女生在讲话。"老公，你说我先试哪件好呀？"

"蓝色的吧，蓝色显得大方得体。红色，有些扎眼，胸也开得太低。"

"我还是比较喜欢红色，不听你的，你眼光偏老气。"女生有些俏皮地嗔怪他。

"好吧。随你，喜欢哪个就买哪个。"男人用宠爱的语调回她，女生开心地抱住男人，在他脸上吻了两下。"么，么。老公最好了。爱死你了！"

孟丽娜越听越觉得这个声音熟悉，她猛地打开试衣间的门，自己的老公黄维利正跟一个二十多岁的女人抱在一起。"黄维利，你这开会加班加到商场里来了？这女人是谁？你给我说清楚，不然咱俩没完。"

见到老婆，黄维利本能地推开那女人。"你怎么会在这儿？你居然跟踪我！这日子没法过了，离婚……"

黄维利拉着小三儿离去，撇下孟丽娜傻傻地站在商场里，眼泪扑簌簌地往下落，打湿了那件新裙子。

售货员递给她一张纸巾。"姐，你别难过。男人就像衣服，旧的不去，新的不来。你伤心半天，他跟小三儿在一起指不定多开心呢，为这种人，不值当。现在最关键的是，你把家里的钱看牢了，他真要提离婚，让他一分都拿不到，这样他就老实了。就自然不敢离。我们家那口子就是让我用这种办法治住的。"

孟丽娜半信半疑地看着她。"真的？"

"当然。"

一路上，孟丽娜越想越觉得委屈。16年，她为这个家付出了那么多，眼

看孩子马上要读高中，三年后考上大学，她这就算熬出来了，可正在节骨眼儿上，黄维利给自己出了这么大的难题。原谅他，心里特堵得慌，离婚吧，又担心孩子的学习会受影响。

黄维利似乎也考虑到孩子的问题，回家后有些自惭形秽地向老婆道歉，说："我对不起你，我知道自己道德败坏，搞不正之风很不应该。我收回离婚的混话，毕竟这么多年的夫妻情分，看在儿子的面上，原谅我吧。噢，那个野女人，我会尽快想办法跟她断了。这事儿千万不能让我爸妈和孩子知道，要不然非炸锅不可。"

孟丽娜心里清楚，黄维利最怕的还是她闹到单位去，会严重影响他的前途。"这样吧，我们暂时分居，相约三年后，儿子高考结束再离婚。家里的两栋房子，小的归你，大的归我，所有存款归我。因为你还要以夫妻名义住在我家三年，所以小房子的租金仍然由我支配。其他生活费用，包括孩子的学费，咱们一人一半。儿子在家住的时候，你住卧室，打地铺，他去上学了，你就住客房。怎么样？"

黄维利对老婆的淡定自若，把事件安排得头头是道有些吃惊。但他没有更好的解决办法，只能答应。

三年间，不用尽妻子的任何义务，孟丽娜的身体和时间都从婚姻中解放出来，她有更多的空闲投入到写作中去。她的爱情故事，婚姻故事，言情小说，都受到大批粉丝的热烈欢迎，点击量一路飙升到几百万，几千万。

仿佛经历了一场凤凰涅槃。孟丽娜这个柔弱的小女人，摇身变成自信十足的网络作家。两年后，她出了自己的第一本畅销书，紧接着就是第二本、第三本……

读高三的儿子放假回家，骄傲地告诉妈妈："我有很多女同学都知道妈妈的网名，看过妈妈的小说，她们说您是个了不起的女人。妈妈，我真为您自豪。"

"那你就跟妈妈一起加油，你争取考个最棒的大学，而妈妈努力去获得更高的成就。行吗？"

"好的,放心吧。虎妈无犬子。"

孟丽娜的成功的确从很大程度上影响了儿子,仅半年时间,他从中游学生一跃成为班级前十名,二模时居然考了第三名,作文满分。

孟丽娜的网络小说被改编成剧本,有多家电视台和媒体邀请她做专访,都被她暂时回绝了。"对不起,我儿子还有几十天就参加高考,我所有的社会活动都必须安排在孩子高考之后,不然,怕影响他发挥。请大家见谅!"

自得知孟丽娜出书后,教育局的领导对这位普通员工表现出空前的重视,不但破格儿提拔,还被请到一些机构去做励志演讲。让孟丽娜赚足了票子和面子。

黄维利的老婆成为光彩照人的职场丽人,又是升职又是上电视,恨不得全国人民都认识她了。同事们纷纷向黄维利祝贺,说他娶了棵摇钱树回家,起哄让他请客。可大家并不知道,他家的财政早已分开,那棵摇钱树他黄维利连边儿都沾不上了,此时两人已经彻底离婚。

那天从民政局出来,孟丽娜微笑着对黄维利说:"知道吗?打三年前我就计划着,怎么从你人生中潇洒退场,今天,我终于做到了。很开心。"这回换黄维利呆站着,却欲哭无泪。

别把"表情暴力"带回家

何为"表情暴力"呢?bingo!恭喜你答对了。就像他那个样子,死摆着一张脸,无精打采,要么皮笑肉不笑,或是冷漠到自家房子失火都毫无感觉,

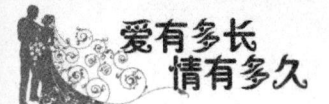

面不改色。总之，那种表情让人看了就添堵。

曾经有个"社会学家"在网上抱怨南京公交车和写字楼电梯里的人"表情不好"，不是双眉紧锁，就是木讷茫然，并呼吁南京市民注意表情，维护"博爱之都"的甜美名声。虽然许多人觉得此举虚伪又荒唐，但关于"表情"的讨论却由此被正式搬上台面。

大早晨，我看到一位母亲叫嚣着，当街打六七岁的孩子。她打完几下，还白那孩子一眼，以示惩戒。我心里突然就一紧，反省自己有没有这样凶恶的一面。我可不想自己的儿子在表情家暴中留下心理阴影。

生活把压力给了我们，而我们将其释放给家人和孩子，那是不理智的。难道弱者好欺负？不，他们早晚会把这些压力和暴力要么转嫁，要么也释放出来，否则怎么会有初中生互殴，甚至杀害父母的事情发生呢！别小看表情暴力，它虽然不着痕迹，伤害指数却并不低。

用感恩的心洗涤灵魂，用微笑和善良演绎真实生动的人生故事，我们才会有成功的未来。倘若把豁达和笑声留给外人，把计较和愤怒转嫁亲朋，那就是在折腾你的亲人，毁灭你的婚姻了。

测试一下你的"表情暴力"指数

1. 下面哪些符合你的生活习惯：

A. 不吃早餐，爱睡懒觉　B. 常喝咖啡，吃薯条、面包　C. 喜欢抽烟喝酒

2. 你平常与同事或邻居如何相处？

A. 有说有笑，礼尚往来　B. 点头问好，流于形式　C. 看他碍眼，点火就着

3. 现在给你一面镜子，你最想对它做什么表情呢？

A. 向自己微笑　B. 一本正经地看看自己的样子　C. 做势化妆

4. 心情不好的时候，会不会感觉很多事情都不顺利，不自觉地摆出一张苦瓜脸？

A. 目前没有　B、偶尔有　C. 常有

5. 是否发现自己最近变得多疑又情绪低落，你在想什么？

A. 生活真无聊　B. 这些人太讨厌，总是叽喳个没完　C. 他们可能又在讲我坏话

6. 必须要保持"职业微笑"的你，已经笑到嘴巴抽筋，打算扁人了吗？

A. 现在还没　B. 偶尔有　C. 常有

7. 你会受别人表情的影响吗？

A. 不会，我意志力强　B. 一般情况下，不会　C. 肯定会

8. 你平时最喜欢看到的是什么表情？

A. 开怀大笑　B. 真实的喜怒哀乐　C. 就算不开心，假装笑笑也行啊

选 A 得 3 分，选 B 得 2 分，选 C 得 1 分。

得分小于 10 分：

祝贺你！不仅是表情暴力行之有效的模仿者，还是个不折不扣的创造者噢。相信在阁下你的大力推广之下，表情暴力这一看不见的鞭刑将会发扬光大。

10-16 分：

哎！又是一般中游成绩呀！总是这样子不上不下的也不是办法，不如这样好了，加入"抗表情暴力"大军，努力克服周围人的影响与干扰，做个快乐的唯心主义者，与表情暴力 say goodbye，如何？

大于 16 分：

很遗憾地告诉你，尊上属于百毒不侵之类型。本着不受影响的表情才是好表情的原则，本人将会向"微笑特别棒"节目组提出申请，给尊上发放一枚"抗暴大使"奖章。呵呵，高兴吧！

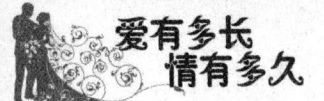

"表情暴力"知多少

1. 表情暴力之"外伤型"

所谓"外伤型",无非就是从外在表现来看的,指外界"坏表情"对感知者自身造成的心理伤害。即他人通过其表情,传递给我们一种消极、抑郁或焦虑的情绪,并由此造成某些困扰和压力。这些压力在我们身上越积累越多,终于不能负荷,便转换成猜忌。可猜忌和怀疑却使你开始烦躁不安。"他什么态度啊?凭什么跟我发脾气。""她的白眼是瞪我的吗?""她这几天总在我对面摆一张臭脸,是不是我哪里得罪她了?"当你"成功"地把别人的沮丧情绪转移到自身的时候,"表情"也就演化成一种极具杀伤性的暴力工具。

2. 表情暴力之"内伤型"

"内伤型"的人,通常是被迫在情绪消极的时候还要维持一种愉悦自然的姿态。临床上有一种比较典型的症状,称为"微笑型抑郁症"。

本来遇到不开心的事,生活中是一副泪水涟涟的失意模样,可是工作中却必须违背真实的感受,而去强颜欢笑。相比"哭丧着脸"的自然反应,会施加给人更沉重的压力。一方面,对于表情的制造者来说,在心情不好的时候表现出与真实状态完全相反的微笑,会使人感觉更加疲惫、更加难过。另一方面,这样名不副实的笑容会传递给周围的亲人及朋友一个虚假的"快乐"信息,使你在本该接受慰藉和鼓励的时候,却要泪往肚里吞,独自承受压力,这是何等不公平的一件事。

抗暴专家支招

无论身在职场或是家庭生活中,"拧巴"五官这种无形的暴力侵犯再持续下去,绝对是害人害己的双失之举。同样,如果不论心境如何都处处以微笑示人,久而久之也定然会憋出一身的内伤,要适可而止。建议长期处在服务行业的"微笑一族",就算没有笑颜如花,利用平和礼貌的举止也能达到不错的效果,做好本分,又何必太苛求完美呢!

英国专家曾进行"将逆境变成快乐"的研究,有些方法可做借鉴。

一、种花、拾草、品茶。

二、每天睡觉前数出最少五项值得感恩的或者让人开心的事。

三、每天最少开怀大笑一次。

四、经常运动。

五、至少保持每天一次向陌生人微笑或打招呼。

借此机会，奉劝亲爱的兄弟姐妹，收起你们杀人不见血的"表情暴力"吧，心情是我们幸福的源泉，是一块肥沃的土地，是种豆就可以得豆，种瓜就能够收获瓜的良壤，所以，请千万保护好这方乐土！

经典语录：

◆ 婚姻生活是平凡而紧张的，相对恋爱会少了许多甜言蜜语的时间，你要有心理准备。另外，挂在嘴上的爱未必经得住时间考验，而无言的爱却可能守护你一辈子。

◆ 爱真的不能等，无论是亲情、友情，还是爱情，你的这份爱与情必须让对方以最快的速度感知到。5·12和雅安地震，一而再，再而三地告诉我们：千万不要说"等明天"，"下次吧"。因为，没人知道明天和意外哪个先来，下次之前还有没机会见着下个黎明的太阳。

◆ 若心灵相通，坐在街边啃馒头都是香的；若爱已远去，面对面，相看两相厌，吃鱼翅燕窝都容易卡在喉咙里，咳出泪花儿来。

◆ 家庭里，小事儿要学会装糊涂，大事儿千万不能含糊。

◆ 这世间本无所谓好坏，其实只有两种人，穷人和富人。穷人，因为没有钱，才变成了坏人，为了钱不顾一切。而富人，则是因为有几个糟钱烧的，不知道自己姓啥了，于是，为所欲为，最终连家庭挚爱都被金钱扼杀，心灵扭曲。

魅力女性，不老不死不灭

心不老，身才不老，保养好，不如心情好。年轻是自己快乐的本钱，美丽是女人自信的源泉，这份内外兼修的气质，几箱金条都不换。

我美丽，我张狂，故我在

有人做过实验，每天对着一碗米饭语重心长地告诉它：你是碗好米饭，是我见过的最棒的米饭，它都能比其它米饭坏得更晚一些。连没有生命的分子都喜欢听夸赞，更何况人类。无论心理作用也好，真的有效也罢，试试无妨。

经常对着老婆说，多笑笑就变年轻，变漂亮了，最近你好善解人意呀；时不时夸夸老公，你真帅，懂那么多，工作也很出色，老公我为你骄傲；长此以往，那位老婆会慢慢朝美丽贤惠的风格发展，老公也能逐渐成为有绅士范儿的型男。心儿里美了，自然体现到脸上，流露进工作中。如此只赚不赔的生意，做起来也简单，早入手早收获，何乐而不为呢！

美丽包括许多种，并非只有靓妆华服才叫漂亮。清水挂面般的直发，素描一样的脸，纯朴可人的笑，胜雪的一袭白衣，难道就不美吗？是不是我们把美的定义局限了？

年后参加了几次同学聚会，多年不见，无非聊些在哪里工作，住什么地方，孩子上哪个学校之类的，但是越聊越觉得生分了。几乎所有人都把自己打扮得大方得体而来，除了心中暗比穿的戴的，再就是开多少钱的汽车，老公怎么怎么样，聊着聊着就没了话题，显得特拘谨。被别人比下去暗自神伤者，禁了言，只对着面前的食物埋头苦干。

这又何必！同学聚会不是来比美的，也不是来炫富的，既然是AA制，组织者就完全没必要整一特豪华的地方，让参与的人被宰得都没有心情忆童年

了。差不多的一个小店，最重要是环境清幽，可以聊聊往事，感慨青春，让大家心底都有暖暖的收获。别聚一回少几个，再聚再少，慢慢地，就没了人气，形同陌路。

青涩远去，我们早从无知少女蜕变成为居家过日子的主妇。朋友，那些太奢侈、太破费的玩儿法，姐不是玩不起，是不屑了。用我的钱，撑起别人的面子，这买卖忒不划算。想聚会的同学请来我家，不用掏钱，自带蔬菜，冰箱里有肉，米饭管够。每人自告奋勇炒一两个菜，不会做饭就安排碗筷，负责洗和切饭后水果，总可以吧？酒足饭饱，吼两嗓子歌，做做游戏，增进情义。离开的时候，记得顺便把垃圾带下楼。谢谢！

我们千万不能活反了。像我一个朋友，穿爱马仕女装，背着普拉达皮包，脚踩阿玛尼高跟鞋，手里拿个咬了一口的苹果6，就这身行头，够我一年衣服鞋袜的所有开支了。然而，她月薪不过5000元，哪来的钱去挥霍呀？后来才知道，她有两张信用卡，欠了银行三四万，连利息都快还不起了。

被名牌包裹着，让金钱压迫着，快乐吗？朋友圈儿就这么大点儿，谁不知道谁呀！打肿脸充胖子，你有意思没？又能坚持多久呢？当然，如果是初到一个陌生的环境，看人下菜的事的确常见，一身好行头就是你的名片，你的脸面。但在熟人堆里，就没有招摇的必要了吧！也许最初只是像朋友说的，想钓一"凯子"，可男人又不全是傻瓜。"你自己的钱都舍得这么糟蹋，好男人不对你望而却步才怪咧。"

朋友恍然大悟。请求父母帮忙，还掉卡债，停了那两张信用卡，开始脚踏实地地过日子。她身着几十块钱一件的T恤，不知牌子的迷你短裤，一双平底凉鞋，毫无压力，轻松自如地站到我面前那刻，我感觉她身上多了一种亲和友善的美。

女人常常对着一橱柜的衣服叹气，没有合适的衣服穿。仿佛那里永远都缺少一件最得体的着装。所以女人们用了大半生的时间去逛商场，选衣服和鞋子。到最后，买回来的很多，真正穿出去的，还是就那么几件。

结婚了，有家，有孩子和老人要养，就不要再追逐满满一衣柜的花花绿绿，好女人该懂得"少而精"的购物原则，穿出自己的风格与品位，这样才是别人无法超越的特殊气质呀！

捕捉生命瞬间里留下的感动,炎热的季节里，有你的、有我的不一样的心情。如果时光就这样凝固，你是否和我一样，也要放弃不求进取的生活？我们不能再做一部复读机，不停地重复别人或者自己的轨迹。是谁说过：得来不易才懂珍惜。但你可知道，在一次次为拥有而付出的抗衡里，会将人打磨得伤痕累累，毫无力气。

明晨和明禧是不同父，也不同母的兄妹。当年，明禧妈妈带着五岁的她嫁过来时，明晨心中多少有些敌意。可渐渐地，他发觉有个妈妈也不赖，脏衣服比以前洗得干净，饭菜也更加可口。后妈为人很公平，给明禧买玩具时，绝对不会少了大她两岁的明晨的份儿。于是，看在妹妹"晨哥哥，晨哥哥"地叫得很亲热的面子上，不到半年，明晨就默许了这位后妈与小妹的存在。

父亲是开拉面馆的，只有两个孩子过生日，他才亮出自己的绝活儿，一根面条能盛满满两大碗，中间有道红线儿，明晨和明禧争抢着找出碗中另一个头，比赛谁最先吃掉一整碗。不知道是明晨让着妹妹，还是什么原因，吃到最后总是明禧赢。小丫头 吸，那根虾须做的红线就跑到她圆滚滚的小肚子里。明晨假装生气，不理她，她便哥哥长，哥哥短地跑来哄他。

之后的十年里，他们家笑声四溢，过得还算平静祥和。除了妈妈生病。后妈肾脏衰竭，挺严重，全身都肿了，下不了床。明晨在念大二，明禧马上高考，妈妈谁也不想耽误，就自己忍着，直到拖不下去，才做一次透析。平时只吃药将就，即便这样，还是把面馆拖垮了。

两个孩子放假回家，无论如何都要给妈妈看病。结果，钱没少花，人终归是走了。没了生意，也花光了家中积蓄，两个孩子读大学的学费可怎么办？父亲去亲戚朋友家里借，只借回几千块钱，勉强够一个孩子一学期用。明晨沉默片刻，"先帮小禧交学费，我自己想办法。"

明禧跟哥哥考的同一所大学，她去找明晨时，无意间听他的舍友议论，明晨的学费是以交往的名义受富家小姐的资助得来的，她特别生气，她讨厌这样的哥哥，拒绝用他的钱。"你出卖色相来换钞票，跟那些酒吧女有什么区别？我鄙视你，我没你这样的哥哥。"

明晨一把搂住明禧："小禧，别离开我，我之所以这样做，是希望将来我们都可以好好过。"

小禧推开明晨："别搞得自己那么伟大，就像爸爸，悄悄给妈妈做了一年的透析，房子卖了，店也转让出去，这份情我还不起。明晨，你要是个男人，让我休学，先供你读书。等你实习，能赚钱时，再反过来供我。不然，我直接退学去。"

明晨拗不过她，只得同意。明禧比别人晚了两年毕业，心情却异常轻松。走在校园的小路上，她告诉明晨："其实，我想过去卖肾。一个肾有 20 万呢，不仅能交学费，还可以买回老家的房子，再重新为爸爸开个小面馆。但是，进手术室的前一刻，我反悔了。万一我下不了手术台，你和爸爸怎么办？我还没有来得及说一声：我爱你。所以，我只能选择笨一点，慢一点儿的方法。"

明晨搂着她的肩膀，眼中含泪。小禧可能永远不会知道，他们俩拥有过同样的经历。都为了爱彼此，那样地疯狂过，张扬过，他曾恨不得让全世界都明白，为了小禧，他能义无反顾，付出所有。

生活是沉重的，爱情是无畏的。要学会给家庭减负，不做背着石头上山的人，若把家庭里的事像石子一样放入身后的背包，一路走，一路放，未行几步已累弯了腰。找个最妥善的办法，在对自己伤害最小的情况下，保护身边的家人，守住你的爱情。这才是聪明的选择。

明晨看着怀中的小丫头："你长大了，也成熟了。"

明禧回他一个灿烂的微笑："因为我知道，你一直在等我长大。不是吗？"

有时候等待不仅是一种修养，更是让自己认清陌生环境或不利因素的借口。不要排斥或愤恨等待，在等待中，我们可能得到很多，但得有耐心，否则，迷失的人又怎么会轻易回心转意。我们又如何能等来久违的幸福！

把自己修成个有内涵的妖精

除了为人处世方式,其他我们都可以把自己当孩子来宠,爱自己才会爱别人。如果有一天,你可以像孩子一样,根据自己的好恶,说你想说的,做你想做的,那才是真正心灵的解脱。也或许才会有真正的快乐吧!

女人似一个怪物,一种让好人倾倒,坏人痴迷的毒品,像一条小而柔弱的蜗牛,有时尽管已经躲进壳里,也同样会遭遇摧残。那些为了守护自己的家,宁可抛开壳,或与壳俱碎的,才是真性情的江湖侠女。

什么样的女子最招人喜欢?不是漂亮的,也不是能干的,是有内涵的。漂亮的原装和人造美女比比皆是,脸蛋好、身材好,敌不过胸大无脑。你事业大成,挣钱再多,只要情商缺失,你的资产还要被所谓的真爱骗光多少次才满意?

SO,打扮精致一点儿,外表的美丑差异就不大了,真正的差别在内涵。举个例子,庞筱接到一个电话,说是某医院急诊,"你老公×××开车,在十字路口与一辆大货车相撞,目前在我们医院抢救,请速打两万元手术费,并前来签字手术。"平常人听到老公车祸脑袋基本就木了,死机状态。先打钱,再打车跑去签字,很正常。

但庞筱就特别镇定。她问对方:"怎么撞的?我老公闯红灯了吗?"

"应该是的,不闯红灯不会这么严重。"

"那我可以肯定,你是骗子。我们家里所有人,从不闯红灯,从不逆行。

无论遇到任何特别情况，绝对不拿自己的生命开玩笑。这是我们结婚时约定好的，所以，你骗不到我。"

对方无奈地挂断电话，门外传来钥匙开门的声音。一帮同事欢呼着，围在老公身后冲进来。庞筱吃惊，没搞明白发生什么事。

"老婆，今天我们结婚十周年庆典，你忘啦？正好又赶上公司拿下了一个大项目，我就请这帮小猴子们上来坐坐。结果有人打赌，说是要看看你有多在乎我，测试一下我们之间的默契程度怎么样。就打电话谎称我出事……"

庞筱环顾四周没人，拎起老公的耳朵。"你们居然用这种事儿打赌，知不知道会吓死人的？说吧，谁赢了？"

"当然我是最大赢家。800块。"老公毕恭毕敬地把钱交到庞筱手中。庞筱走到客厅，扬了扬手中的钞票，对大家说："你们难得来一趟，我去旁边超市给大家添几个菜，谁跟我一起来搬东西呀？"两个小伙子应和着，其他人纷纷议论，这位嫂夫人真不错。长相漂亮，有气质，人又大度，还特关心下属。他们哪里清楚，那些钱不过是羊毛出在羊身上。至于漂亮嘛，你若看一个人顺眼了，她长什么样，都觉得漂亮。

生活中，我们可能被闯红灯的车吓坏过，也痛恨逆行的人，但有时候却会不自觉地成为他们当中的一员，因为约束力不够，才不足以让大家觉醒吗？NO，是你自己的问题。一个有涵养的人，就算马路上一辆车都没有，也不会去抢哪怕一秒钟的红灯。生命，比任何着急的事儿都更重要，尊重自己及他人的生命和时间，不仅是对家庭负责，更是一种绅士风度。

提到风度，忽然就想起我的一位闺密。她对做饭没天赋，只会熬粥和做炸酱面。但她有洁癖，不肯吃外面饭店里的东西。老公不出差时，炒菜都是他的事儿。老公出差了怎么办呢？同事、朋友聚会可以推掉，故乡的亲戚来家里小住几日，总不能让人家天天喝大米粥吧！

闺密有办法。第一天，她买了各种调料、丸子、菜和肉，请亲戚吃火锅；第二天，主食炸酱面，配上从超市买的小凉菜；第三天，把熬大米粥的水放少了一碗，焖成米饭，又蒸螃蟹，又煮大虾，还凉拌了海带丝、海白菜等，整个一海鲜宴会。做完这顿，闺密是真没招了，赶紧打电话向老公求救，问他什么时候到家。

还好，老公回来及时。第四天中午，老公带着亲戚去外面酒店吃，吃完您猜怎么着？亲戚说："这地方死贵，可吃起来觉得还没你媳妇做得好。"

没办法，一些女人的战斗力就是太强了，她们中的一部分，不用怎么学就能下厨房，而且能烧得一手好菜，稳赢男人的胃。可是，还有一部分，却是怎么都懒得学，或无论如何学不好，甚至把厨房变成古罗马斗兽场。

斗兽场也罢，和谐后厨也行，只要能兜住男人的面子，过程真的不重要。

做有内涵的女人不光厅堂厨房两相宜，还得有你自己的个性，及两三样拿得出手的爱好。比如：摄影、绘画、舞蹈、瑜伽等。在必要的时候，这些爱好会成为你社交的纽带，甚至是夫妻关系的润滑剂。

不管男人还是女人，专注于自己爱好时，是最美的。不知从何时起，我们被喜新厌旧了。手机不再是坏了才换，而是图一时新鲜、屏大，换一次又一次。老婆或老公会不会也要贪新而换旧一次呢？换妻俱乐部早已出现，有人试过，享受者有之，欲哭无泪者有之。那些人是在海外待得太久，闲着了。不如把多余的时间拿出来，培养些爱好，提升自己的魅力值更有意义。

有时，女人们真应该学学白色的罂粟花，看似清纯乖巧，内里却放荡柔媚，男人一旦对你上瘾，必定掏心掏肺，迷恋到忘我的境界。如果离开你，那真叫一个万劫不复。

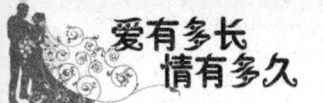

女人必备：火眼金睛悟空情怀

  西游记不仅要告诉我们，有后台的妖精都被带走了，没后台的小妖全被打死了。它还想说明一点，就是像悟空那么优秀的男人，也只能称懦弱而且百无一用的唐僧为师父，受他管制。你再强，再棒，那个救你于五行山下的人再弱，再逊，恩不能忘。

  强者是干什么的，就是拿来打击的，越打击越强，越能成佛呀！

  如果你觉得自己很惨，去医院走走，看看那些一瘸一拐的，奄奄一息的，不醒人世的，癌症晚期的，等待换肾、换眼角膜、换心肝等的，心里还有怨气吗？没了吧！是的，你还健康，你什么都可以拥有。但他们失去了健康，就算家中财产富可敌国，也将不是他的……

  所以呀！健康和心态都必须保持好。身体棒，精力旺，心态好，不显老。尽管似水年华终将老去，剩下的只有不折不扣的日子。但聪明女人照样能把看似平淡的日子过得活色生香。

  男人喜欢陌生女人，因为有新鲜感，女人只喜欢熟悉的男人，因为有安全感。每个男人心中都住着一个女神，纵然有的只是假想的女神，却是他一生忘不掉的人。就似女人总也找不到最能体现自己美丽身材的衣服那样，寻觅，错过，遗憾，内疚，再寻觅，再错过，怪自己。却最终连他们本身也不清楚，努力寻找的东西有没有真正存在过！这些糊涂账，还是留给那些更糊涂的人去算吧。

身为一个聪明人,哪怕你具备千里眼,顺风耳,才高八斗,察言观色等各项技能,在婚姻里都将它们暂时归零,请学习装聋作哑的艺术。婚姻不是牢,爱情不是锁。我不想当遥控器,请你掌控自己,做足分内的事儿。

自打智能手机风靡全球以来,千奇百怪的软件挤破头似的想要帮你定位身边朋友,或者陌生人的所在,你玩得爽的时候,却忽视了,自己也在别人的定位之中。

女士们对各种位置追踪程序情有独钟,因为装上之后,她们打开自己的手机,就可以知道老公或是男朋友在哪里,一个电话打过去,便立马儿能测出他是不是在撒谎。如果撒谎,那回家必定有你好看。

钱贝贝在电脑软件公司工作,她刚开始搜索定位软件,是受朋友小如所托。小如爱上一个大自己 11 岁的男演员,那男人全国各地到处乱飞,为能掌握他的行踪,小如决定找一款隐藏效果最好的定位软件,潜入男友手机里,这样,无论他去了哪儿,只要在北京落地,小如便能第一时间知道,并飞奔到他身边。

钱贝贝警告小如:"你这样不行,早晚会被他发觉的。"

小如一脸满不在乎:"没事的,我相信你的技术,更相信他对我的宠爱,不会因为这点儿小事翻脸。放心吧。"

有一次,男演员告诉小如自己要去南京做活动,半月后才能回来。可是,连续一个星期,他手机显示的位置都是北京。小如非常好奇,又怕露馅,不敢直接去家门口找男友问问怎么回事,只得埋伏在男友回家的必经之路上。果然,他在北京。

国庆长假,小如很早就让男友推掉应酬,陪自己回趟老家,见一见父母,小如觉得他们年纪不小,也谈了两年多,该把婚事定下来了。谁料,男友临时说有应酬,要去东北。结果,两天后,他的手机信号显示却在三亚。

面对男友无休止的谎言,小如再也忍不下去了。她直接打电话过去,问对方到底怎么回事?为什么一而再,再而三地骗人?男友镇定自若:"公司行程

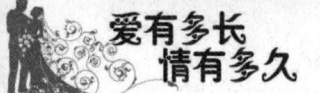

安排改了,我有什么办法?"

"你瞎说。我给你们公司打电话,你的经纪人告诉我,公司不太看好你,这两个月压根儿就没给你安排任何行程。"

"小如,你在监视我?没错,我年纪大了,再红不起来公司就会放弃我。所以得自己找出路,你要是觉得跟着我受委屈,大可以离开,没必要像尾巴一样跟着,我需要私人空间,需要自由,别以为你在我身上花个区区十几万就能收买我,我不会娶你的。死心吧!"

当晚,小如手机上对男友的定位彻底消失,就仿佛他们之间的爱情彻底断了一样。钱贝贝劝她:"真爱从来不拿年纪和金钱说事儿,但凡与这两样儿挂上钩,绞在一起,一定没好事儿。我早就告诉过你,你俩年龄差偏大,别在他身上花太多心思,不然会人财两空。得,应验啦!现在说什么也没用,赶紧的,收拾心情找下一个可以结婚的目标。"

送走小如,钱贝贝想起自己的老公戴健伟。打开屏幕,有个小小的光点正向家的方向移动。她思量再三,决定把小如的事和装定位软件的事都告诉戴健伟,女人不喜欢被骗,又何必让男人蒙在鼓里。

戴健伟轻咳两声,"其实,这个我早就知道了。老婆你忘啦,我去年外派,电话特多,怕电池没电,还专门买过一个老年机,只有接打电话和发信息功能。自从知道你安装监视我的软件后,我就把手机放在办公室,跟同事们喝完酒,再回去拿,你这儿自然显示我在公司加班,连请假都省了……"

钱贝贝恼羞成怒,粉拳一顿乱挥:"戴健伟,你敢骗我!"

戴健伟抓住老婆的手,笑笑。"我要是想骗你,还会告诉你这些吗?因为我了解你的性格,你以前从来没查过岗,这次或许是一时贪玩儿,索性陪你玩儿嘛。"

嘻嘻,谁说钱贝贝没查过岗,戴健伟的小伎俩钱大小姐了如指掌。嘘!她有内线。只不过,老公做人堂堂正正,只是喜欢跟同事们去喝个小酒,也没什么好查的。算了,算了,大人有大量。这些她都可以当猫头鹰,睁一只眼闭一只眼,不计较。

你行你上,拼命事业的男人放心

"我不求什么模范丈夫,十全十美老公。选男人似女人选化妆品,不要最贵,更不要最好,只要适合我的皮肤,能滋润我的婚姻,过得好才是真的好。"这是一个成功男人的妻子在他未成功之前说的一段话。

在老公决心奋斗事业之际,她还特意叮嘱他:"男人事业摔倒也是收获,而且,越年轻摔倒越容易爬起来,将来成功机概率越大。"

这位睿智的女性叫单思敏,她是家里的独生女儿,父母家境殷实,希望她能嫁的更好。可是,单思敏只爱平江拓,她还向父母保证,如果给他们几年时间,平江拓肯定会做出一番成绩的。

两年过去,平江拓仍然是个一文不名的打工仔。他觉得对不起老婆,就跟单思敏说:"媳妇儿,你回娘家住吧。你家条件那么好,犯不着为了我,跟两位老人闹分歧。"

单思敏真的回去了,平江拓顿感失落。几天后,单思敏脸上泥一道水一道,哭得花猫一样坐在平江拓面前,痛陈着在娘家的经历。"我爸说了,这些钱暂时借给你创业用,让你给打一张欠条。只有五年时间,不许违法,随便你干什么,让钱翻一倍。否则,让咱俩离婚。"

平江拓满脸书生意气。"他瞧不起我,我不要他的钱。"

单思敏带着哭腔:"这可是我在父母面前打了保票的。你如果不同意,就等于把钱摔到我脸上,将我退货了。"

平江拓咬紧牙关，把妻子揽入怀中。一颗眼泪落在单思敏的后背上，她全然不觉。

五年之间，要经历多少沉浮，没有人能预料。平江拓的专业是电力工程，他先从自己熟悉的地方下手，做电器销售，结果货物积压现象严重。一年后，把20万变成了15万。他又改做灯具生意，才半年多，资本再次缩水。

手中仅剩下13万的平江拓断不敢贸然冲进生意场了，他花去几个月的时间研究市场，了解自己能做哪些行当。终于让他发现，卫浴产品销售前景不错，全国各地都在盖楼，每一户就算不装洗澡用具，也得装马桶呀！低中高不同档次的卫生和洗浴相关产品都进一些，能适应各种阶层人群的需求。

果然，不出三年，平江拓的卫浴销售公司在建材城里已经初具规模。眼看欠条上约定的五年期限一天天逼近，平江拓心里很着急。现在是销售旺季，钱都被他进货用了，他根本拿不出20万现金还给老丈人。

于是，平江拓同妻子商量，看能不能跟岳父母解释一下，先还一部分，其他的，再过个几年连本带息一起还。单思敏有些犹豫，但还是答应回娘家做说客。

四年后的夏天，平江拓趁老婆陪孩子去夏令营的几天，穿戴整齐，买了火车票，亲自捧着30万来到岳父母家。还是那个独门四合院儿，却显得格外冷清。岳父躺在床上看书，见女婿进门，忙着找拐杖下地，给他倒水。

老岳母买菜回来，头一句话就是："江拓，你都知道了？"

平江拓愣了一下，从包里掏出一张银行卡。"这里面有30万，我连本带息还给你们。请放心，我会让思敏幸福的。"

岳母摆摆手："我们都土埋脖子的人了，要钱干什么？再说了，我们老两口儿死后，这个家里的所有东西不都是你和小敏的吗！"岳母用枯瘦的手抓起那张卡，塞回平江拓手里。"你拿着，做生意用钱的地方多着呢！我和你爸都觉得，你是能干大事的人。"

平江拓不明就里回了一句："那之前的借条？"

岳父颤抖着手从床下纸箱里拿出个盒子，打开来，里面有几个老旧的信封，最上层是几块撕碎的纸片。"你是说这个吗？"岳父把那盒子递到他面前，碎纸片有些发黄，平江拓的字迹却非常清晰。"拿回来当天我就撕了，小敏说不能扔，要留作纪念。我们之所以联起手来演戏骗你，让你写欠条，是想激发你的斗志，叫你有动力去做一番事业啊！"

原本，平江拓是想趾高气扬地来岳父母家得瑟一下的，听到这些，眼泪不由自主地滚落。他跪倒在岳父面前："爸，我错了，不知道您为鼓舞我上进，宁可让我恨您。对不起，我晚来了十年……"

十年说长不长，说短不短，但如果有人花去40年的时间，把照顾高位截瘫的老婆当成一辈子的事业，你信吗？

当马歇尔还是个年轻帅哥的时候，来中国留学，用真爱拐走一中国妞儿，并为他改名为琳达，定居英国。一年后，还生下个大胖小子，三口之家的小日子那就像掉进蜜罐儿里一样。岁月如梭，转眼五六年光景，一辆飞奔而过的货车把琳达撞出老远，司机跑了，马歇尔变卖所有家产，仅仅换回老婆一条命，却是高位截瘫。

一贫如洗的一家人回到马歇尔的故乡福尼亚小镇定居，马歇尔既要照顾老婆和年幼的儿子，又要打零工维持生活。可由于琳达大小便不能自理，每天早晨起床，马歇尔总要先收拾又脏又臭的床单。然后给老婆擦身，再做饭，送儿子上学……

琳达半夜拉尿在床上，会很不舒服，但又不想吵醒辛苦的老公，就一直忍到天亮。马歇尔发觉后，就每天起早一点，再早一点儿。直到有一天，他像发现新大陆那般高兴地看到床单还没有湿，顺利地用便盆帮老婆释放掉垃圾，琳达笑了，马歇尔的心暖暖的。他便永远记住了那个时间，凌晨4点，附近教堂的钟刚刚敲响四下。

从此，每听到第四声钟鸣，马歇尔便弹簧一般从床上跳下来，为老婆准备起床前的一切。帮琳达收拾利落，温火煲上鸡汤，大概六点左右，就推着老婆去教堂附近的小路散步。

时光荏苒，四十年如一日，马歇尔老人对琳达的爱从未变过。直到琳达离

世后,他仍始终保留着四点起床的习惯,还是每天煲汤,只不过再不去教堂附近散步,而是来到琳达坟前,陪她说会儿话,给老婆摘一把野花。

多年后,马歇尔开始步履蹒跚,镇上的人都愿意扶他走一程。还有人相传:搀扶他同行可使自己爱情美满、家庭幸福。甚至,在每年6月15日,马歇尔老人生日时,小镇上所有的家庭都凌晨四点起床,夫妻约定,守护爱情,为彼此做一件最有意义的事。

109岁的马歇尔老人去世前,让儿子为自己刻的墓志铭居然是:"亲爱的琳达,如果有可能的话,我一定愿意再为你早起89年!因为,没有人可以代替你在我生命中的位置……"

把独立强悍化成女性天空一小角儿

谁说女人一定要为慈母贤妻,为何奉献才是母亲此生最伟大的意义,哪个女人不想做快乐的自己?青春年纪,你也许不愿受制于家,不想束缚于任何一个"他"。爱不是糖果,纵使溶解越快越甜蜜,也终有一天要化尽;夫妻不是麻花,缠绕久了会窒息。婚姻要想维持,就应学会在平行里寻找交集。

当一个男人无力为你们的家负担更多时,这份爱将变得惨烈和不稳。女人心里的不稳,男人自尊的不稳。所有元素加起来,你的婚姻便摇摇欲坠了。相反,如果女人太强悍,而男人也有养家的能力,却不被妻子重视,那会是什么结果呢?

十几年前,出国热风行于大学校园,甚至连一些讲师都蠢蠢欲动。那会儿，金成海研究生毕业后直接留校当了助教，因为表现突出，才一年时间就升了讲师。

提拔他的教授是位非常和蔼的白发老人，他告诉金成海，学院目前缺少建筑方面的博士讲师，如果他有上进心，可以一边工作，一边读博。金成海家在小城市，为他读硕士父母早已一贫如洗，哪里还有闲钱让他继续深造。

正巧，这时有位老师帮金成海介绍了个女朋友，一谈恋爱，考博的事儿就彻底忘到脑后了。直到他与汪艳结婚几个月后，老教授退休了，没有人再器重金成海，少了科研经费，金成海为数不多的工资，一部分寄给父母，剩下的维持家用就有点捉襟见肘。妻子汪艳家境好，可能从小被宠坏了，她在商场工作，每月一千多元的收入，经常是来不及进腰包，就直接在商场消化殆尽。

为此，小两口儿没少吵嘴。为了把日子过下去，金成海选了个折中的方法。每人每月工资必须上交五百元，金成海孝敬父母的钱也先不寄了，他要提高家庭收入，首先把博士文凭考下来。听说博士薪水高很多，汪艳虽然不情愿，却还是做出让步。

三年后，金成海博士毕业，他的同学有不少都选择了出国发展。金成海也有些心动，但自己没那么多钱，就只是跟老婆提一提，权当是发个牢骚。没想到这话被汪艳听进耳朵里了。"我早就想去国外看看了，我们单位好几个人都办了留学。这样吧，我先出去读研究生，至于费用嘛，你出一半，我娘家出一半。你在国内多存两年钱，然后，以探亲身份到美国，再读博士后。怎么样？"

汪艳说的头头是道，可真正做起来就难了。大概是养尊处优太久，把学的东西都还给老师了，GRE她考了几次都通不过，金成海看着干着急。"不如让我先出去，你以探亲身份到美国得了。"

"那怎么行？万一你变了心，我还能出得去吗？再说了，之前你考博士，我已经做出让步，现在出国你得让我一回。还有，我父母也算出资方，如果换成是你，说不定就不赞助了。到时，咱俩谁也出不去。"汪艳痛陈利害关系，让金成海略感自卑。

折腾了三年，汪艳在收到录取通知书之前，竟然先接到医院的电话，医生

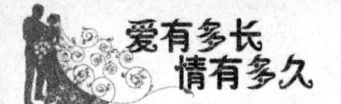

表姐恭喜她,要做妈妈啦。金成海考虑打掉孩子,两人才30出头,将来有的是机会要孩子。可岳母坚决不同意,宁可让汪艳休学一年,也必须把孩子生下来再出国。否则,一分钱也不给她。

汪艳妥协了,多留一年就等于荒废了一年。她再到美国,口语交际很困难,各方面也不适应,她迫切地要求金成海立刻出国。当时,金成海手上有个很重要的研究课题,如果能成功,肯定能为他在美国申请博士后加分。金成海打电话请加州的同学暂时照顾一下汪艳,可是,汪艳不领情,执意要求老公过来,不然就跟他离婚。

金成海选择了成全家庭,暂时放下事业。到美国后,金成海做了几个月妻子的保姆和英语家教,便开始联系自己博士后的学校,但最终没找到接收单位。只得在妻子就读的学校重新读博士。

汪艳早一年毕业,因为赶上经济危机,金成海毕业的时候她还没找到工作。这位大小姐在家都没刷过筷子,没洗过碗,在国外就更不想做这些事情。眼看两人的生活也进入经济危机阶段,汪艳把手一挥,又做了个让人咋舌的决定——回国。

这次金成海没有再听她的,汪艳仍然搬出离婚来要挟,甚至告诉他,如果不回去,就永远别想见到孩子。汪艳趁老公出去找工作时,招呼都没打一声,自己打包行李先走了。

妻子和岳父母笃定金成海会为了女儿回国,但是他们忽视了一点,那就是爱。收服男人,最有用的方法,不是命令,更不是胁迫,而是示弱。你服软了,你无能为力了,作为老公或男朋友,只要能力所及,他们会义不容辞地跑过来帮你。

汪艳偏偏选了最笨的方法。每个人都有软肋,可你如果总碰那根软肋,它会长得越来越结实。他们离婚了,孩子归汪艳抚养。无论是洗盘子也好,在中餐厅打杂也罢,金成海留在了美国,他等待着新的机会。

孩子不能当作维系婚姻的工具,只可以成为爱情的纽带,因为有孩子,我们需要关爱彼此。如果不是对另一半太没信心,要个爱情的结晶并非坏事,至少可以让感情延续，让生命有所依托。对吧！

离婚后，金成海认识了现在的老婆，大他三岁的留学生霍亚莉。那次她因为赶着见客户，出门有些匆忙，在小区楼下的中餐馆买了两个小饼，才发现自己没带钱包，回家去取肯定来不及。她很不好意思地告诉金成海："对不起，我忘记拿钱包了。饼能不能不买，顺便借我五美元坐公交车。噢，我就住前面路口那个小区，这是我的名片。"

金成海照样把饼递给她："算我请的。你工作那么紧张，不吃早饭会伤胃。"说着打开自己的钱包，里面躺着一张五美元和一张十美元。他犹豫了一下，把十美元给了霍亚莉。

霍亚莉一愣，金成海用诚恳的目光注视她："都是中国人，能帮多少算多少。我相信你会还的。"

果然，霍亚莉没让他失望，当天晚上就来还钱，两人聊了很久。霍亚莉来美国比较早，是学法律专业的，目前在一家律师行工作。她非常贴心地为金成海分析了美国当时的现状，无论经济多不景气，公司如何裁员，人们的日常用品和生活必需品是不得不买的。实在找不到工作，建议他可以花几百美元注册一家有限公司，出售美国人所需的生活日用品。钱方面，她可以入股一半儿。

在霍亚莉的帮忙下，金成海在美国最小的特拉华州，注册了公司。听霍亚莉说，这个州法律完备，就算没有资产和运营项目，也可以先注册，之后，在有具体运营项目的州提交一份资格证明。当然，这个资格证明文件相当简单，金成海自己完全能搞定。

起初，公司知名度不高，霍亚莉就利用自己的人脉，在同事和朋友圈子里做宣传。金成海则是先跑唐人街，中餐馆等华人集中的地方，还有一些居民区。慢慢地，金成海的生意逐渐好起来。霍亚莉有相对稳定的社交圈子，她把自认为会对金成海有帮助的客户或朋友介绍给他，大家一起打打球，喝个咖啡，熟悉起来之后，便可能成为很好的合作伙伴。

就这样，没几年工夫，金成海便在美国立住了脚。他和霍亚莉也培养出革命感情，两人走向了婚姻。

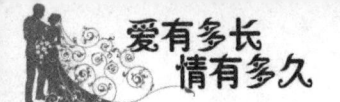

讲完这个故事，我忽然就想起一幅漫画。有只在沙漠里行走的骆驼，头顶的大太阳晒着它，心情焦躁。前方有个酒瓶，不知道哪个没公德心的路人留下的，看我又累又热，还来挡我的路。骆驼想着，就一脚踢飞那个酒瓶。但力度没把握好，瓶子破了，扎伤它的脚，流血了。无数的蚂蚁寻着血迹而来，爬上它的身体，在快要走出沙漠的时候，骆驼已经体力不支，摇摇晃晃，不远处一对狼眼正瞄着它，天空盘旋着秃鹫，骆驼终于倒下……

骆驼用坏心情踢飞瓶子，最后送掉了自己的命；人类以趾高气扬的心态挥霍爱情，透支婚姻，其结果也只能是围城失守。坏脾气既然伤人伤己，那就赶紧把它改掉吧！好好把握现在，智者能活出比麻烦更多的快乐来。

爱在当下，莫问前程，幸福不留遗憾

婚姻要有远见，付出是你自己的，幸福也是你自己的。记得一位前辈聊起自己的相亲史感慨万千：以前人家给介绍男朋友，眼高，看不上，到最后自己嫁的反而还不如当初那些看不上眼的人。是呀！连苏格拉底大叔都没找到的那棵最大的稻穗儿，怎么能被平凡的我们轻易捡起呢？

一个女人对感情的态度，从买首饰上就可以看出来。多年前，闺密想买一条钻石项链，标价1000元，当时她收入不高，没舍得买；一年多之后，涨了工资，再去看，标价1800，只好又放弃；五年后，同样大小净度纯度的钻饰，至少要六千多，却怎么也找不到自己最喜欢的那个款式了，她心中长留缺憾，便再不愿去逛首饰店。

再说男人，同一个男人，可能在你这里他就是一块石头，但换个妻子，只轻轻打磨几下，就发现他内里是水晶、翡翠、玛瑙、金刚石……为什么？？？

结婚周年纪念日，老公送我一条黄水晶项链作礼物。链子非常漂亮，可戴着有点偏，原来是左右不对称。蝴蝶大花的一侧少了一颗小的珠子，且搭扣上涂的银粉令我皮肤敏感，戴久了脖子会痒，为此去换，却没有相同的款式，也不能换搭扣。最终，我换了一条带皮绳的水晶链，当时感觉还可以，没多久才发现，连接处容易勾到衣服，便束之高阁，不再喜欢。

或许没有多少东西可以让我们守护一生，但换一个就一定好吗？更多可能是挑花了眼，它或许还不如原来的。所以，如果一直没有适合自己的恋人，请暂时空着吧，尽管屈就是对爱情的虐待，但盲目的更新何尝不是对人生的不负责任……

"幸福"这词儿听起来有点泛泛，每个女孩心中都有若干种对幸福的美好向往。读书的时候，我的上铺鲁佩莲是个长相甜美且自立的女孩子。十七八岁的豆蔻年华，姑娘们都打扮成颠倒众生的月亮女神，忙着谈恋爱。她却斩了青丝，埋头研究心理学，还不时叮嘱我们这些舍友，别把爱情太当真。

毕业分手在即，众人泪洒爱情路，才发现鲁佩莲的高明之处。同学除了回忆和挂科什么也没留下，唯独她，挥一挥衣袖，未被爱情卷走半点儿青春。当应届生恐慌工作没着落时，她早以因多篇优秀心理学论文被一家研究所看中，敲定了入职日期。

最后的离别晚餐，我们都喝大了，素来理智的鲁佩莲，那天格外话多。她哭着告诉我们，自己是单亲家庭长大的女孩，爸爸再婚有个儿子，除了屈指可数的赡养费，他三五年都不肯来见她们母女一面。妈妈身体不好，为供她读大学，工作之余，还要替人家做手工活儿，常常熬到半夜，眼睛都看坏了……

长在那样的家境，遇到那么多伤害，把面包看得比爱情重是理所当然的。可数年后，再见鲁佩莲，她已经大变样儿了。美丽依旧，多了笑容，性格却退回到少女时代的天真烂漫。鲁佩莲和女儿一左一右偎依在老公身侧，活脱脱一对姊妹花。三口之家满满的幸福，都要溢出来了，任谁看着都眼馋。

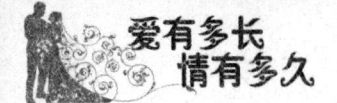

那一刻，我仿佛突然明白，鲁佩莲成熟的笑脸背后定有不少沧桑。有句俗话说得非常有道理：女人如果遇到好男人，一辈子都不需要成熟起来。然而，这"好男人"最少要有两个，一个是父亲，另一个便是老公。相反，如果女人越来越成熟，被生活磨砺得刚强勇敢，甚至无坚不摧，恰恰是因为她们没有遇上好男人。如此悲壮，便是家庭的失败，婚姻的不幸。

越是常常把幸福挂在嘴边的人，越不明白幸福的真正含义。它不像数学的加减法，正确答案独一无二，每个女人心中有千万种不同的幸福标准。而"家"是台"幸福"的发电机，无论任何地方停电，只要发电机动力十足，你的生命里便不会有黑暗。否则，再明媚的阳光下，也少不了黑子活动，有些危害防不胜防。

公司年终酒会上，宋姐和她老公成为席间一道特别的风景。宋姐老公不仅人长得帅，听说家境殷实，还比宋姐小两岁。同事们开玩笑，说她是老牛捡到了嫩草。可这嫩草还真是够"嫩"的，需要宋姐处处维护和打理。两个多小时的酒会，宋姐有一半的时间都在忙活着照料老公。怕他喝醉酒，怕他吃凉东西犯老胃病，甚至怕他跟大家不熟要受到冷落。这哪里像新婚的夫妻呀？分明是要讨好少爷的小妈。

结婚一年多，宋姐时常心事重重。往日精明能干的女主管，竟然犯起新人的低级错误，连续几次被老总训斥。大家背后议论，她的婚姻出现状况。果不其然，有同事周末逛街的时候碰到宋姐老公，他怀中搂着个娇俏的年轻女人。

成熟大龄女婚姻告急，宋姐甚至不知道自己错在哪里。她自问对老公的爱与关切是无微不至的，他为什么还会出轨？

哎！孰不知正是这份无微不至毁了他们的爱情，付出太多便无从珍惜。女人的幸福多数时候取决于她对家庭的经营，而非单一的奉献。就像一笔生意，如果注定要失败，投资再多也没意义。女人需要懂得示弱，才能充分激起男人的保护欲。若你太成熟强劲，什么都会都懂，老公便感觉自己在这个家里成了可有可无的闲人，没什么成就感，也没有雄性的冲动，自然失去责任心，和让婚姻继续的动力。

许多东西你过分在意，却往往会丢失，而看淡了，则可能有意外惊喜。这很像狮子妈妈说的，幸福就在你的尾巴上，不用去追，你追不到，只需要昂首阔步，走好你该走的路，幸福自然会跟着来。

生活有两大误区：一是生活给别人看，二是看别人生活。活给别人看的，基本上都累废了；看别人怎么活的，大多都把自己丢了；唯独活给自己看的人，鸟一样地飞过重重山，道道川，也有疲惫，但那收获与快乐是真实的。干嘛活得那么累呢？只要自己觉得开心就行，用不着向别人证明什么。还有呀，千万不要光顾着看人家怎么怎么样，而忘记归程，走错了自己脚下的路。

一边共舞，一边独舞，脚步跟上斯密达

记不清楚在哪本书里，哪位高人曾经说过：好的婚姻是一个女人新生命的开始。其实，对于男同胞来讲，又何尝不是如此呢！在爱情的引领下，我们不自觉地踏上红地毯，步入了围城。就意味着，从此将失去独身时的自由，担负起家的责任，身背柴米油盐，肩头扛着房子、车子、妻子、孩子及老子，尽管十分努力，可最终让人直不起腰的还是口袋里的票子。

做男人很累，而做一个围城里的男人就更累了。在事业上，顶得住越来越激烈的竞争；在生活上，要学会自理与宽容；在爱情里，保证哄女人的招数新鲜而不落伍；在亲情中，尊重疼爱长辈、平辈、晚辈；在社交方面……

一个人的力量毕竟是有限的，你真当自己是内裤外穿的超人啊！无论爱情或者婚姻，在保护个人主义的同时，亲爱的，相互扶持并肩作战吧。智者的选

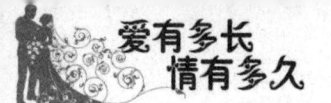

择：一边独舞，一边共舞。

爱情是两个人的事

废话，一个人，那叫自恋。我的意思是，两个人要互相关爱，别剃头挑子一头热。"你爱不爱我没关系，只要不阻止我爱你就行。"这句看似伟大的话，却可能将两个相爱的人分开，也可能将自己推上一条不归路。

爱人之间，就应该真心相待，无须掺杂太多无聊的评断，意志之坚定，不是家境、门第、种族等一系列问题所能左右得了的。

有多少家庭差距显著的人，用一张红纸拴住了自己的命运，在鲜艳的大红地毯上，奋力地舞着，像是要舞出这一生的辉煌。不过，他们其中的一部分人，的确用自己的青春和热情证明给世人，"夫妻同心，其利断金"的真理。

时间是抚平创伤最好的良药，经过岁月无数次的洗礼，曾经年少懵懂的青年们，成了为人父母的中年，一路被磨难考验着，更加明白共同进退的真正含义。

夫妻本是同林鸟，仁爱的道德观灭掉了"大难临头各自飞"的卑劣行为，所以，在病痛和苦难来临的时候，无论你们的关系曾经一度紧张到何种境地，相互扶持，却是正道中人无可厚非的选择。夫妻是缘，孩子是债。善缘恶缘，无缘不聚。讨债还债，无债不来。在婚姻的舞台上，不仅仅有主角的位置，配角也起到了举足轻重的作用，否则，就不会有圆满的结局。

新闻里曾报道过一则关于前妻的故事，很是让人感动。三年前，由于某些个性方面的原因，夫妻两人协议离婚。因为没有孩子的牵绊，男女双方很快又投入到新的生活中。男人性情虽然暴燥，可是大大咧咧的，吃苦耐劳，为人也诚实善良，迅速得到单位上一名女孩子的青睐，恋爱谈了一年多，终于修成正果，到了谈婚论嫁的地步。然而，偏偏就在这个关键时刻，前妻病倒了。

前妻近两年的处境，比起男人可真是差太多焉。三十多岁的女人，沉默寡言，不喜打扮，看上去要比实际年龄老了好几岁。无父无母、无依无靠，身边也没有个男朋友，女性朋友就那么寥寥几人。而且这一病就是能要人命的癌症。

为了照顾前妻，男人将婚礼一拖再拖，女孩子可是第一次做新娘，她何尝不想喜气洋洋、痛痛快快地热闹一场呢！但是，为了未婚夫的前妻，她选择了沉默，并加入到照顾女人的行列中来，她说会好好地和未婚夫一起送女人走完最后的路。多好的一个女孩子呀！结果，自然是令全家感动，男人感恩，以余生给她全部的幸福！

我们爱自由，无论婚否

俗话说，攘外必先安内，其实不尽然。作为夫妻，从某种意义上说，应该是一个共同体。婚姻这个机构有点儿特殊，有外患时，让矛头一致对敌，成功之后，再坐下来，继续自家的内战，这是聪明伴侣们雷打不动的做事风格。当然，小三儿除外。

婚姻不是儿戏，今儿高兴了，出双入对，明儿翻脸了，劳燕分飞。如果爱情堕落到必须有所附加，那就没有多少存在的意义了。爱一个人，不是要独占，而应该给他（她）足够的自由空间，让彼此在各自的领域随性发挥，只要不越雷池，又何必斤斤计较呢。

站在城墙外边，你是个熟知过往的看客，而身在婚姻之中，你却成了别人眼中的风景。当你唱独角戏的时候，切记婚姻需要担待。不要因为自由得过了火，去犯一些比较低级的错误。爱情，是需要我们每一个人，用尽全部真心、细心与爱心去精心呵护的。

梅苡然是一名服装设计师，她有自己的事业和一份丰厚的收入。其实，她很爱这个家，很爱相处了六年之久的老公谷文斌。然而，梅苡然的工作性质决定了她要经常出差，即使在公司，每天也是早出晚归，时不时因与客户谈生意忘记时间。对此，谷文斌很不理解，结婚两年后，他们就开始了无休止的争吵，闹得本来和谐美满的小家，硝烟四起，战火不断。

谷文斌希望妻子哪怕少挣些钱，只要能像平常人一样，有空多陪陪家人。偶尔也和他一起出游几天，共同收拾房间，做做家务。周末弄点儿可口的饭

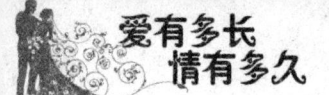

菜,两人坐下来一块吃。都三十多岁了,夫妻俩还总是离多聚少,同学的孩子就要上学了,他们家连半点儿下一代的消息都没有,搁谁心里也不平衡呀!自由可以给,总不能没有边际,找不到回家的路。

婚姻不是爱情的坟墓,更不是自由的桎梏,在我们各自付出的同时,还必须携手并肩寻找幸福。婚姻似一套悠扬的舞曲,时而舒缓,时而急促,要想合拍,就得慢慢来,并要学会一边共舞,一边独舞。

简单地活,慢慢地爱,写字楼压得人们喘不过气来。所以,泡妞、赏仔更成为紧张生活的娱乐节目。动动嘴皮子,飞个媚眼儿,都无伤大雅。活到老泡到老,有多少赏多少,爱美之心人皆有之嘛。看一看,聊一聊,又不犯法。只不过,雷区少踩,爆一次,可不是好玩的。

别抱怨生活。环境再乱,不怕麻烦;上班辛苦,不畏付出;成功很难,坚持到底;琐事太多,心态积极。做最好的自己,畅快地活,勇敢地爱,尽力去拼,我们的爱情需要灿烂,我们的人生必须精彩!

爱你,不求天长地久,一辈子足够。可以轰轰烈烈,也不介意细水长流。只愿在我们都活着的时候,不曾错过,认真拥有,相互牵手,直到白头……

经典语录:

◆ 男人的心中永远有位假想的女神,就像女人的衣柜里从来都缺一件最得体的衣服那样。男人喜欢陌生女人,因为有新鲜感,女人只喜欢熟悉的男人,因为有安全感。

◆ 谎言本就是拿来揭穿的,但它不能成为吵架的利器和伤害婚姻的理由。女人最怕人财两空,丢了你的心,还有你的钱,也算种安慰。若非如此,多半会带着你的孩子淡出你的视线,任你苦苦思念、遗憾,甚至来不及说一声:好聚好散。爽!

◆ 这是我们自己的一辈子，如果因注定要分开的家人或事业爆怒，气得中风，何苦？

◆ 如果结婚是一个女人的第二次生命，那么离婚可以理解为死而复生。千万不要因为到了该结婚的年纪而结婚，未遇到合适的那个他（她），便就近凑合一个伴儿，让自己不孤单。学习爱，学会保护自己的尊严和子宫。

◆ 二三十岁的人，为什么喜欢说自己老了？以后，等我七老八十了，QQ个性签名就写：用18岁的激情，活好80岁的人生。